Andreas Austilat

Vom Winde gesät

Meine Frau, unser Garten
und ich

W0247152

GOLDMANN

Dieses Buch ist auch als E-Book erhältlich

MIX
Papier aus verantwor-
tungsvollen Quellen
FSC® C014496

Verlagsgruppe Random House FSC® N001967
Das FSC®-zertifizierte Papier *Holmen Book Cream* für dieses Buch
liefert Holmen Paper, Hallstavik, Schweden.

1. Auflage
Originalausgabe Juni 2015
Wilhelm Goldmann Verlag, München,
in der Verlagsgruppe Random House GmbH
Umschlaggestaltung: UNO Werbeagentur, München
Umschlagabbildung: FinePic®, München
Redaktion: Antje Steinhäuser
Kapitelvignette: Theresa Koch
KF · Herstellung: Str.
Satz: DTP Service Apel, Hannover
Druck und Bindung: GGP Media GmbH, Pößneck
Printed in Germany
ISBN: 978-3-442-15849-2
www.goldmann-verlag.de

Besuchen Sie den Goldmann Verlag im Netz

Inhalt

Natürlich gibt es diesen Garten wirklich, von dem auf den folgenden Seiten die Rede ist. Er sieht auch genauso aus, wie in diesem Buch beschrieben.

Unsere Nachbarn sind tatsächlich sehr tolerant, wir leben glücklich mit ihnen zusammen. Weil ich ihnen aber nicht die Privatsphäre nehmen will, habe ich mir erlaubt, für sie erfundene Namen zu wählen und bei ihnen ein wenig Phantasie walten zu lassen.

Der auftauchende Baumfäller heißt in Wirklichkeit auch ganz anders.

Mit ihren echten Namen treten dagegen alle historischen Figuren auf, ebenso die Experten, die zwei Kaninchen und Duffy, unser Hund.

1
Vom Winde gesät – wie wir Gärtner wurden

Ich hatte keine Ahnung. Gut, ich bin in einem Garten aufgewachsen, einem sehr großen sogar, zweitausend Quadratmeter, heute stehen auf dem Grundstück drei Häuser. Aber es war nicht unser Garten, wir wohnten dort nur zur Miete. Was ich wahrscheinlich nicht einmal wusste. Und falls ich es gewusst haben sollte, hat es mich nicht interessiert. Wenn man acht, neun oder zehn Jahre alt ist, hat man ein anderes Verhältnis zu Fragen des Eigentums. Ich durfte in diesem Garten spielen, und damit war es meiner.

Ich habe nie jemanden in diesem Garten irgendetwas arbeiten sehen. Außer mir selbst. Ab und zu habe ich für Frau Ulrich den Rasen gemäht. Frau Ulrich, das war unsere Vermieterin. Sie hatte die Wohnung im Erdgeschoss, wir wohnten eine Treppe höher, und ganz oben wohnte Lilli, ihre Tochter. Lilli hat auch nie in diesem Garten gearbeitet, und Frau Ulrich war ziemlich alt. Das heißt, es kann gut sein, dass sie noch gar nicht so alt war. Ein Zehnjähriger ist kein besonders zuverlässiger Zeuge, wenn es darum geht, das Alter eines Erwachsenen zu schätzen. Für den sind alle Erwachsenen alt, selbst die, die sich noch für vergleichsweise jung halten. Aber in meinen Augen war sie viel zu alt, um zum Beispiel den Rasen zu mähen. Das fanden übrigens alle, weshalb mir diese Aufgabe automatisch zufiel. Mit einem

Spindelmäher, also ganz ohne Motor, war das eine ziemliche Schinderei. Immerhin wurde ich bezahlt für meine Mäherei.

Es war, wie gesagt, ein wirklich großer Garten. Wir hatten dort einen Süßkirschbaum, zwei Sauerkirschen, diverse Birnen, Äpfel und Pflaumen, einen Walnussbaum, einen Haselnussstrauch, einen Pfirsichbaum, mindestens zwei verschiedene Sorten Stachelbeeren und Johannisbeeren. Dieser Garten hatte etwas vom – ja, Paradies. Denn wie gesagt: In diesem Garten hat nicht einmal jemand gearbeitet.

Heute gibt es ganze Bibliotheken allein über Obstbaumschnitt. Wir hatten immer Äpfel. Wir hatten dermaßen viele Äpfel, dass es einen grauste. Vor allem mich. Ich hätte auch gern mal eine Fanta getrunken, von Cola gar nicht zu reden. Meine Mutter aber war der Meinung, dass es nichts Besseres für mich geben würde als selbst gepresste Äpfel. Darunter viele saure Äpfel übrigens. Wenn man mich fragt, was das Geräusch meiner Jugend war, dann dieses durchdringende unbarmherzige Kreischen, das der Entsafter machte, während er die Äpfel zerquetschte. Unten kam ein sehr saurer, ziemlich trüber Extrakt heraus, der erstens nichts kostete und zweitens unfassbar gesund sein sollte, ja, es bestimmt sogar war. Und für immer und alle Zeiten war Garten für mich mit Obst verbunden.

Wie gesagt, ich hatte ja keine Ahnung.

Und dann, das ist jetzt achtzehn Jahre her, hatten wir plötzlich selbst einen Garten, meine Frau und ich. Ich habe nicht danach gesucht, aber mit den Kindern, fanden wir, passt das gut zusammen. Um ehrlich zu sein, er ist ungleich kleiner als der Garten meiner Kindheit: ein Reihenhausgarten, lang, aber schmal, keine dreihundert Quadratmeter groß.

Ich glaube, dass einige unserer Freunde uns insgeheim für ziemlich spießig hielten, nachdem wir unsere große Altbauwohnung mit diesem kleinen Reihenhaus getauscht hatten. Zum Glück hatten wir damals den Hund noch nicht, es hätte sie in ihrem Verdacht bestärkt, dass wir uns selbst anbinden und die Kreise enger werden, möglicherweise wäre es einsamer um uns geworden. Allerdings nur im Winter. Im Sommer kommen sie nämlich ganz gern und sitzen bei uns auf der Terrasse. Es gibt nichts Schöneres, als auf der Terrasse zu sitzen, den Duft geschnittenen Rasens in der Nase, den taumelnden Flug des Schmetterlings vor Augen – außer vielleicht, auf dem Rasen selbst zu liegen.

So ein Garten steckt voller Geheimnisse. Viele davon werden mir auf ewig ein Rätsel bleiben. Warum zum Beispiel ist unser Tränendes Herz in einem Jahr eine Augenweide, um die uns meine Schwiegermutter beneidet, im anderen dagegen mickert es vor sich hin? Und wann wird unser Flieder wieder blühen? Sonst kommt er nämlich weg, ich hätte sowieso viel lieber Johannisbeeren. Der Garten, und sei es nur im Kleinformat, das ist die reale Welt, mit echten Ameisen, echtem Blütenduft, echtem Sommerwind und meinen eigenen Eisblumen. Das unterscheidet ihn so wohltuend von der virtuellen, die kann ich an meinem Computerarbeitsplatz jeden Tag haben.

Ich fand unsere Neuerwerbung großartig. Ich war gewillt, diesen Garten Schritt für Schritt in das verlorene Paradies meiner Kindheit zu verwandeln. Ich würde einen Baum pflanzen. Ich weiß noch genau, wie ich gleich am Anfang ein kleines Loch gegraben habe. Einfach so, weil es ja jetzt meine eigene Erde war, weil es mir keiner verbieten konnte. Das muss irgendetwas Archaisches sein.

Allerdings war es zunächst nicht allein unser Garten.

Weil unsere Vorgängerin einiges darin hinterlassen hatte. Und weil sich geheimnisvolle Kräfte seiner bemächtigten, während wir uns erst einmal um das Haus kümmern mussten. Zum Beispiel dieses Farnfeld hinten links. Wer hatte das eigentlich angelegt? Wir fanden es eine Weile lang recht dekorativ. Bis uns ein befreundeter Gärtner von den berühmten schottischen Farnwäldern erzählte, die sich ausbreiten wie verrückt, dabei alles andere überwuchern. Der Farn ist im Prinzip ein lebendes Fossil und schon seit dreihundertfünfzig Millionen Jahren auf der Welt. Damals brummten zwischen vierzig Meter hohen Farnwedeln gewaltige Libellen, tummelten sich Riesenspinnen. An Menschen war noch gar nicht zu denken. Meine Frau mag keine Spinnen. Wenn sie eine sieht, ruft sie mich, eine der wenigen Aufgaben, bei der es bei uns kein Kompetenzgerangel gibt. Kurz, der Farn hat eine echte Erfolgsgeschichte hinter sich. In vielen Internetforen wird behauptet, es sei gar nicht leicht, Farn zu vermehren. Unserer hat das prima von allein hingekriegt.

Inzwischen weiß ich, Farne haben Sporen an der Unterseite ihrer Wedel, die bei Trockenheit aufreißen, und dann gehen die Sporen auf die Reise, um in der Nachbarschaft viele neue kleine Farne wachsen zu lassen. Dazu brauchen die uns gar nicht. Wie der Löwenzahn. Als Kind mochte ich den, vor allem als leuchtend gelbe Butterblume, wie man die Blüte in Berlin nennt. Und war er verblüht, hatte ich ihn als Pusteblume noch lieber, weil es mir großen Spaß gemacht hat, die Stängel auszurupfen und dem Samen beim Verbreiten zu helfen. Wäre nicht nötig gewesen, das schafft der Wind ganz allein. Und wenn man nicht aufpasst, verbreitet sich der Löwenzahn im Rasen flächendeckend. Man kann also sagen: Dieser Garten war vom Winde gesät. Und langsam dämmerte uns: Wenn wir wollten, dass er unser würde, müssten wir etwas unternehmen.

Ich bin von Natur aus neugierig. Ich will wissen, warum so ein Baum Blätter verliert und warum sich das Laub von Nachbars Erle kaum verfärbt. Und wo das Wasser hingeht, mit dem der Baum gewässert wird. Wussten Sie, warum man einen Weihnachtsbaum nicht zu sehr einkerben sollte? Ich weiß es inzwischen. Ich habe deshalb extra einen Experten angerufen, der mir versicherte, nur die äußeren Schichten würden Wasser führen. Ich weiß, dass Linden und andere Straßenbäume neben Gaslaternen ihr Laub unter Umständen ein wenig früher abwerfen, weil undichte Laternen das Pflanzenhormon Ethylen verströmen. Das Hormon steuert den Blattabwurf. Und dass der Rosenkohl um Hilfe rufen kann. Ich weiß, warum die Hortensie so heißt, wie sie heißt. Übrigens eine ergreifende Geschichte. Und ich kann Ihnen sagen, ob man sein Kaninchen ganz legal im Garten bestatten darf – und wenn ja, was dabei zu beachten ist. Ich kenne inzwischen eine ganze Reihe Experten. Ich weiß auch, ob man eine Schwarzkiefer in Berlin fällen darf oder nicht. Man darf, und das ist gut so, weil einen das verdammte Ding mit seinen ewig fallenden Nadeln in den Wahnsinn treibt. Und ich beobachte, was sich da draußen alles tut. Ich beobachte die Eichhörnchen in Nachbars Kiefer, wir haben ja keine Kiefer mehr, ich beobachte die Maus, die sich unter der Betonschwelle vor der Eingangstür eingegraben hat. Und ich beobachte meine Frau, wie sie die Rosen beschneidet.

Meine Frau hat eine etwas andere Beziehung zu unserem Garten. Obst war ihr lange Zeit nicht allzu wichtig. Ich glaube, sie denkt, es sei sowieso mehr ihr Garten. Weil sie auch erheblich mehr Zeit darin verbringt. Ich lasse sie in diesem

Glauben. Immerhin ist es ihr Verdienst, wenn ich inzwischen ein bisschen mehr Ahnung habe von den Dingen, die da draußen vor sich gehen.

Meine Frau ist übrigens in einer Mietwohnung groß geworden. Aber ihre Eltern haben eine Laube, ein Kleingartengrundstück, das seit 1923 im Besitz der Familie ist. Man sieht der Laube ihr Alter auch an, sie ist die Einzige, die ein spitzes Türmchen hat, sozusagen die Ritterburg unter den Lauben. Ihre Großeltern haben nach dem Krieg sogar darin gewohnt.

Meine Frau kennt die Laube ihrer Eltern von klein auf. Im Sommer traf sich ihre gesamte Familie dort eigentlich jeden Sonntag. Und »ganze Familie« heißt nicht etwa Vater, Mutter, Kind – »ganze Familie« heißt Oma, Opa, Cousinen, Tante Toni und Onkel Rudolf. Wenn meine Frau von dem Garten ihrer Eltern sprach, war interessanterweise immer nur von Oma und Opa, den Cousinen, Tante Toni und Onkel Rudolf die Rede. Aber nie davon, dass jemand die Hecke beschneiden musste oder die Tomaten bewässern, es hat sich niemand Gedanken machen müssen über irgendwelche eigenartigen Flecken auf den Rosen, oder warum der Apfelbaum eigentlich keine Äpfel trägt. Lieber haben sie davon erzählt, dass zum Sommerende in der Laubenkolonie großer Schwoof war, mit Bratwurst und Tanzmusik, und da kamen sie noch mal alle, bevor sie sich erst wieder zu Weihnachten sehen würden.

Garten, das war bei ihr also eher eine Art Familienangelegenheit. Es war nicht so, dass sie tief in sich verborgen eine Gärtnerin des Herzens wäre. Obwohl meine Frau einen Onkel in England hat und einen Cousin dazu. Den Briten sagt man ja eine besondere Affinität nicht nur zum Rasen nach. Alle deutschen Hausgärten zusammen, es sind ungefähr siebzehn Millionen, bedecken eine Fläche von sechstausend-achthundert Quadratkilometern. Das ist ganz schön viel im europäischen Vergleich, doch in Großbritannien macht die Fläche aller Gärten einundzwanzigtausend Quadratkilometer aus. Trotzdem hat meine Frau niemals Vita Sackville-West gelesen. Und obwohl wir ein paar Mal ihre englische Familie besucht haben, hat sie auch nie den Wunsch geäußert, Sissinghurst oder einen der anderen weltberühmten englischen Gärten zu besuchen. Für mich war also nicht erkennbar, dass meine Frau gern einmal einen Garten hätte und sie, wenn er ihr auf irgendeinem, im Nachhinein schwer erklärlichen Wege zufiele, eine Menge Zeit, Geld und Liebe in diesen Garten investieren würde.

Eigenartigerweise ist genau dieser Fall eingetreten.

Am Anfang war diese Entwicklung noch nicht absehbar. Am Anfang hat meine Frau sich lediglich darum bemüht, den Status quo zu erhalten, also dafür zu sorgen, dass der Garten, wie wir ihn vorgefunden hatten, denn es handelte sich um ein schon ziemlich altes Reihenhaus, irgendwie am Leben blieb. Es ist übrigens nicht so, dass ich das nicht auch gewollt hätte, nein, ich habe sie durchaus unterstützt. Schließlich war ich es, der als Erster den Rasen vertikutierte. Heißt, die Grasnarbe anritzte und das Moos entfernte, weil sich das Ganze sonst zu einem hoffnungslos verfilzten Teppich verbinden würde. Mit der Hand. Eine grauenhafte Arbeit, ich fühlte mich wieder in meine frühe Kindheit versetzt, als ich diesen Spindelmäher über den Acker schob. Aber war es nicht das, was ich mir gewünscht hatte, ab und zu wieder in die Kindheit versetzt zu werden?

Ich weiß nicht mehr ganz genau, wann meine Frau den Garten zu ihrer Herzenssache erklärt hat. Es kann sein, dass es mit dem Fällen der Kiefer zusammenhing. Plötzlich war da ein Loch, das es zu füllen galt. Weitere Löcher sollten folgen, und meine Frau hat sie alle gefüllt. Meine Frau fing an, Gartenzeitschriften zu lesen, sich eine Gartenbibliothek anzulegen. Sie hat Pflastern gelernt, treibt sich ständig in Fachmärkten herum, und manchmal sitzt sie auf dem Sofa und entwirft Projekte für den Garten, der doch gar nicht so groß ist. Dann macht sie mir direkt Angst.

Meine Frau ist eine große Anhängerin des Schmuckgartens. Ich dagegen sehe das Ganze mehr landwirtschaftlich. Ich trauere heute noch dem Pflaumenbaum hinterher, den wir mal geschenkt bekamen und den wir wieder ausgruben und unseren Gönnern zurückschenkten. Er war nicht besonders ertragreich, und da meinte meine Frau, dass sie den Platz anders viel schöner nutzen könnte. Seltsam, aber der Pflaumenbaum war dann bei unseren Freunden außerordentlich ertragreich. Vielleicht wollte er ja weg und hat sich deshalb bei uns zurückgehalten. Pflanzen, das weiß ich inzwischen, können ganz schön sensibel sein.

Ich will in diesem Buch nicht chronologisch erzählen, wie wir uns unseren Garten angeeignet haben, sondern die Ereignisse gewissermaßen nach Sachgruppen gliedern. Das hat zwar den Nachteil, dass beispielsweise der Hund immer mal wieder vorkommt, ich aber erst im 10. Kapitel »Tiere im Garten« erzähle, wie er eigentlich zu uns gekommen ist – und zwar gegen meinen Willen. Dafür wird das Nachschlagen einzelner Themen leichter. Wenn jemand ein Haus mit Garten erwirbt – und keine Ahnung hat, dann bekommt er mitunter Dinge geschenkt, von deren Existenz er bis dato noch gar nichts wusste. Einen Komposter zum Beispiel. Er kann dann hier die Geschichte mit dem Komposter in dem Kapitel mit dem Titel »Ich wäre so gern ein Farmer« suchen. Und dann wird er nachlesen können, dass wir nach einem

Jahr immer noch keinen Kompost produziert haben. Natürlich wird das den Leser nicht unbedingt schlauer machen.
Ich sehe mich leider außer Stande, den Leser in jeder Frage
schlauer zu machen. Aber vielleicht wird ihn die Geschichte
trösten. Das ist doch auch schon was.

2
Grenzen setzen

In Amerika haben sie keine Zäune. Wenn man mal von dem Riesenzaun zwischen Mexiko und den USA absieht. Um ihre Gärten zumindest haben sie keine. Das finde ich gut. Wirkt irgendwie großzügig. Amerikaner schließen auch nicht ab, jedenfalls, wenn sie auf dem Land wohnen. Ich weiß das, mein Sohn ist dort ein Jahr zur Schule gegangen. Dafür tragen Amerikaner gerne Waffen. Ich glaube, da ist mir ein Zaun dann lieber.

Es gibt natürlich auch hierzulande Leute, die darauf verzichten, ihr Grundstück einzufrieden. Ein Freund von mir wohnt ebenfalls in einem Reihenhaus, dort haben sie zwischen den Grundstücken keine erkennbare Grenze. Keine Hecke, keinen Zaun, nichts. Toll. Zäune werden gern als Synonym für die Engstirnigkeit des Kleinbürgers betrachtet. Und wer will schon als engstirniger Kleinbürger gelten? Hecken haben auch nicht den allerbesten Ruf. Wer eine Hecke pflanzt, am besten mannshoch und undurchdringlich, der entzieht sich den Blicken seiner Nachbarn und steht automatisch im Verdacht, sich dahinter seine eigene geschrumpfte Welt zu schaffen. Spießiger geht es doch gar nicht. Aber gilt das Bedürfnis, mal unbeobachtet zu sein, nicht auch für die eigenen vier Wände? Nun, wer eine Hecke hat, braucht wenigstens keine Vorhänge mehr. Eines allerdings stimmt, die Grundstücksgrenzen sind potenzielle Krisengebiete, nirgendwo sonst entzündet sich der Streit mit den Nachbarn derart oft.

Unser Grundstück war zur Rechten von einer gewaltigen, mannshohen Ligusterhecke begrenzt, die aussah wie eine grüne Wand. Nach hinten raus gab es einen einfachen Maschendraht und zur Linken nichts. Rechts würden wir möglicherweise Ärger bekommen, erklärte uns Frau Hollerbach, unsere Vorbesitzerin. Herr Bergmann sei ein wenig eigen mit seiner Hecke, wolle sie immer selbst stutzen. Aber er habe sie verbotenerweise direkt auf die Grenze gepflanzt – auch bei Hecken sind Abstandsregeln einzuhalten. Er müsse deshalb zum Schneiden immer rüber auf ihre Seite kommen. Und bei dieser Gelegenheit würde er in ihren Beeten rumtrampeln. Irgendwann stritten sie sich dann. Aha.

Mit den Nachbarn links, dem schon ein wenig älteren Ehepaar Runge, hätte es dagegen keine Probleme gegeben. Obwohl sie beide pensionierte Lehrer seien und immer alles besser wüssten. Wenn wir da aber etwas hinhaben wollten, müssten wir sie dazu auffordern. Auf der linken Seite sei das nicht unsere Aufgabe, für einen Zaun zu sorgen. Eine Regel, die übrigens für jedes Grundstück gilt.

Nun war unsere Vorbesitzerin eine ältere Dame. Das lauteste Geräusch, das von ihr ausging, war das Plätschern, wenn sie mit der Gießkanne ihre Rosen wässerte. Uns dagegen eilte der Ruf voraus, dass wir kleine Kinder mitbringen würden. Wahrscheinlich lag es daran, dass beim Einzug ein brusthohes Holzgitter zwischen uns und dem Ehepaar Runge stand, das zur Terrasse hin übermannshoch anstieg und mit Palisaden verkleidet war. Ich hatte volles Verständnis dafür. Wenn ich mein gesamtes Berufsleben mit kleinen Kindern verbracht hätte, würde ich nach meiner Pensionierung vielleicht auch solch einen Zaun errichten. Ein bisschen sah er ja aus wie in den Westernforts, mit denen ich als Kind gespielt hatte. Nun gut, damit waren die Grenzen zwischen uns ein für alle Mal geklärt. Wir waren fortan die Indianer, und wir sind prima miteinander ausgekommen.

Ein bisschen schwieriger war die Ligusterseite. Hervorragend, dachte ich, dass Herr Bergmann immer darauf besteht, seine Hecke selbst zu schneiden. Das ist ja nicht einfach bei solch einem Riesentrumm von Hecke, zumal wir am Anfang noch kein geeignetes Gerät besaßen. Herr Bergmann war eigentlich ganz nett, erkannte in mir sofort den gärtnerischen Anfänger, erklärte, dass die Krone unbedingt rund und nicht kantig geschnitten sein müsste, und erlaubte mir, ihm das Kabel seiner elektrischen Heckenschere zu halten. Bis zu jenem Tag, den wir den Ligusterheckenzwischenfall nennen.

Herr Bergmann war einmal irgendetwas Höheres im Finanzamt gewesen, hatte einen weißen Schopf und war trotz seiner Behinderung eine respekteinflößende Erscheinung. Herr Bergmann hatte in seiner Jugend einen schlimmen Unfall gehabt und konnte seitdem einen Arm nicht mehr richtig bewegen. Das schränkte ihn natürlich bei der Arbeit ein, aber in die ließ er sich ungern hineinreden, von mir schon gar nicht. Immerhin, ich durfte ihm das Kabel halten. Ich weiß auch nicht, wie das hatte passieren können, ich schwöre, ich habe mich an die Regel Nummer eins für Kabelträger gehalten, die da lautet: Immer hinter dem Mann mit der Heckenschere bleiben! Vor allem, wenn der Mann die Heckenschere nur mit einer Hand bedienen kann. Trotzdem schnitt Herr Bergmann das Kabel durch. Die Sicherung flog raus, verschiedene Personen schrien auf, wer genau, weiß ich nicht mehr, denn die Situation war kurz außer Kontrolle geraten. Unter den Schreienden war auf jeden Fall Herr Bergmann, obwohl es in seinem Fall eigentlich mehr so eine Art Brüllen war. Außerdem meine Frau, die den Vorfall von der Terrassentür aus beobachtet hatte und jetzt in unsere Richtung rannte. Keine Ahnung, was sie da wollte, uns war ja nichts passiert, und von der stromlosen Heckenschere ging keinerlei Gefahr mehr aus. Ich will nicht ausschließen, dass ich auch geschrien habe, auf jeden Fall schrie Sekunden später unsere Tochter, gerade ein Jahr alt und noch unsicher auf den Beinen. Kaum hatte ihre Mutter sie losgelassen, stürzte mein Mädchen mit dem Gesicht voran auf die Terrasse und rammte sich den gerade erst ein Stückchen hervorlugenden Milchzahn wieder zurück in ihren kleinen Kiefer. Und falls ich nicht vorher schon geschrien hatte, so genau weiß ich das, wie gesagt, nicht mehr, dann, und das weiß ich ganz genau, tat ich es jetzt.

Erst beim Zahnarzt haben wir uns wieder ein wenig beruhigt. Zum Glück hatte der Ligusterheckenzwischenfall bei unserer Tochter keine bleibenden Schäden zur Folge. Anders stand es um das Verhältnis zu Herrn Bergmann. Ich hatte mich in seinen Augen vollkommen disqualifiziert, jedenfalls gab er mir die Schuld an dem Ganzen. Meine Frau wiederum, die seine Arbeit schon vorher mit Misstrauen beobachtet hatte (»der nimmt keine Rücksicht auf meine Beete, und überhaupt, die blöde Hecke, alles ganz verwurzelt hier«), verlangte nun ultimativ, dass ich fortan auf unserer Seite die Hecke alleine schneiden sollte, Herr Bergmann indessen keinen Fuß mehr in i h r e n Garten setzen dürfe. Ich fügte mich, man könnte sagen, dass ich zu den großen Verlierern des Ligusterheckenzwischenfalls gehörte. Frau Bergmann stand dagegen eindeutig auf der Gewinnerseite, jedenfalls begrüßte sie es sehr, dass ihr Mann endlich die

Finger von der Heckenschere ließ. Wenigstens unser Verhältnis war fortan prima.

Ligusterhecken sind eigentlich recht pflegeleicht, die hier ist aber schon vierzig Jahre alt, vielleicht liegt es daran, dass sie ein wenig schwächelt. Jedenfalls klagte mein Nachbar immer darüber, dass sie auf seiner, der Nordseite, kaum noch Blätter hätte, und schob das auf meine mangelhafte Wartung. Ich glaube vielmehr, dass auch eine Ligusterhecke nicht vollkommen ohne Licht auskommt und für Nordseiten nur bedingt geeignet ist. Auf unserer Seite sieht sie eigentlich ganz gut aus. Vielleicht kriegt sie aber auch zu wenig Wasser, irgendwie fühlt sich keine Seite für die Bewässerung der Grenzanlagen richtig zuständig.

Das Interessante ist, dass es sich bei dieser Hecke offenbar um zwei verschiedene Sorten Liguster handelt, eine immergrüne und eine, die im Herbst ihr Laub verliert. Tatsächlich gibt es die Sorte Liguster Atrovirens, die im Winter ihr Blattgrün behält, während der gewöhnliche Liguster das eben nicht tut. Schade, angesichts unseres mitunter ein wenig schwierigen Verhältnisses hätte ich mir manchmal eine immergrüne, stets undurchdringliche Hecke gewünscht.

Bedenken, deshalb für einen Kleinbürger gehalten zu werden, hatte ich inzwischen vollkommen über Bord geworfen. Im Gegenteil, zusätzlich zur Hecke spannte ich später noch einen fünfzig Zentimeter hohen Karnickelzaun, grün, damit man ihn nicht so sieht. Das wurde nötig, als wir uns erst Kaninchen und dann einen Hund anschafften, der binnen Kurzem einen Weg durch die Hecke fand – und auch durch die nächste und die übernächste. Wir fanden ihn erst eine Querstraße weiter wieder, wo er schwanzwedelnd auf uns wartete. Den Weg zurück hätte er wohl nicht gefunden, dafür war er noch zu neu bei uns. Einen Nachteil hat der Liguster übrigens: Er gilt als giftig, und zwar alle seine Teile; Rinde, Blätter und Beeren. Nicht besonders giftig, aber immerhin.

Seit wir den Hund haben, dient unsere Grenzbefestigung denn auch weniger dem Versuch, Eindringlinge von außen abzuwehren, als zu verhindern, dass der Hund von drinnen nach draußen gelangt. Passt man nicht auf, ist er weg. Ich muss aber zugeben, dass es schon Momente gab, in denen ich darüber nachdachte, ob ich unser Anwesen nicht besser sichern sollte. Das war, nachdem dieser Fremde durch unseren Vorgarten geschlichen kam, von wo aus er dann durch das Wohnzimmerfenster peilte. Jedenfalls hatte ich dieses Szenario später anhand der Spuren rekonstruiert.

Danach hatte sich also zunächst ein Unbekannter dem Fenster genähert. Leicht zu erkennen, denn er hatte Sohlenabdrücke in der feuchten Erde hinterlassen. Was er nicht wusste, war, dass wir unserem Hund einen Stuhl ans Fenster gerückt hatten, damit er von dort bequem das Fensterbrett erreichen konnte. Duffy, so heißt das treue Tier, mag es, auf dem Fensterbrett zu liegen, wenn wir nicht da sind. Da kann er nach vorne rausgucken, immer nur nach hinten ist doch langweilig. Und den Stuhl braucht er, weil er nämlich viel zu klein ist, um ohne dort oben hinzugelangen.

Während der Fremde also durch das Fenster linste, musste plötzlich Duffy in sein Sichtfeld gesprungen sein. Und wahrscheinlich tat Duffy, was er immer tut, wenn jemand durch das Fenster guckt, von dem er der Meinung ist, der gehört da nicht hin: Der sonst so harmlose Hund verwandelt sich in eine zähnefletschende Bestie. Worauf der Fremde wohl einen unbedachten Schritt nach hinten machte und durch die Glasscheibe brach, mit der wir das Kellerfenster abgedeckt hatten. Der Hund wird daraufhin nicht ruhiger geworden sein. Das sich wie wahnsinnig gebärdende Tier vor sich und das Geräusch der berstenden Scheibe unter sich, das kann schon an den Nerven zerren. Außerdem hatte der Eindringling Glück, dass die Scheibe auf einem Gitter lag, sonst wäre er uns in den Schacht gefallen. Jedenfalls machte er sich davon.

Danach haben wir ernsthaft darüber nachgedacht, ob man solchen Vorkommnissen nicht mit gärtnerischen Mitteln begegnen könnte. Tatsächlich hat meine Frau die von mir meistgehasste Pflanze von der Terrasse weggenommen und sie unmittelbar vor das Fenster gesetzt. Es handelt sich um die Yucca aloifolia, die wegen ihrer messerscharfen Blätter auch »Spanisches Bajonett« genannt wird. An dieser furchtbaren Pflanze habe ich mir schon üble, schwärende Wunden gerissen. Leider ist die Aloifolia nur begrenzt winterhart. Also habe ich Überlegungen angestellt, welche Pflanzen sich noch an dieser Stelle eignen würden.

Infrage käme die Berberitze, die ziemlich fiese Dornen hat. Oder die stachelige Zierquitte, aus deren Früchten kann man Gelee kochen. Doch dann stieß ich auf einen Kandidaten, mit dem können es beide nicht aufnehmen.

Der Hahnendorn ist ein aus Nordamerika stammender Verwandter des harmlosen heimischen Weißdorns. Er blüht im Mai ganz hübsch, im Herbst schmückt er sich mit roten Beeren. Ansonsten ist er gemeingefährlich. Der Hahnendorn bildet bis zu acht Zentimeter lange Dornen aus. Für Familien mit kleinen Kindern ist er also nichts, und auch Duffy müsste höllisch aufpassen. Der Hahnendorn ist etwas für Leute, die sich gern mit einem Stacheldrahtzaun umgeben würden. Außerdem kann er während der Blüte unangenehm riechen. Ich habe den Gedanken also wieder verworfen und kam fortan gewissenhaft meiner vorläufig wichtigsten Gartenarbeit nach: Hecke schneiden. Was auch mir nicht leicht fiel, weil ich dabei keinesfalls in die sorgsam gepflegten Beete meiner Frau steigen durfte.

Nach einer Weile ließ ich die mühsam gewordene Ligusterpflege schleifen, die Hecke verlor tatsächlich ein wenig von ihrer Form. Nicht zuletzt, weil mittendrin eine Eibe wuchs, die mittlerweile schon ein gutes Stück herausragte. Eigentlich wachsen Eiben ja extrem langsam, und man hat alle Zeit der Welt, sie zu beseitigen. Trotzdem sah die hier schon recht kräftig aus. Eiben sind eine Art lebender Vorwurf für den nachlässigen Gärtner. Im Vorgarten haben wir sogar eine, die ist schon anderthalb Meter hoch. Weiß der Himmel, wie die dahin gekommen ist, ich habe sie nicht gepflanzt. Eiben gehören in den Wald, nicht in den Garten.

Das heißt, wenn man genug Zeit hat, ist die Eibe eine großartige Heckenpflanze. Sie ist sozusagen der Porsche, oder nein, für einen Porsche ist sie zu langsam, der Edelstein unter den Heckenpflanzen. Denn entweder, man schaut der Hecke die nächsten Jahre beim Wachsen zu. Oder man gibt wahnsinnig viel Geld aus, um sich gleich mannshohe Pflanzen zu kaufen. In Blickling Hall, einem altenglischen Herrenhaus im nordenglischen East Anglia, in dem angeblich die unglückliche Anna Boleyn geboren worden sein soll, eine jener bedauernswerten Gemahlinnen von Heinrich VIII., die diese Ehe nicht überlebte, habe ich mal eine gigantische Eibenhecke gesehen, die sah aus wie ein übergroßer, rasierter Königspudel. Es hat allerdings eine Weile gedauert, bis sie die so hingekriegt haben. Steve Hogan, Gärtner auf Blickling Hall, behauptete jedenfalls mir gegenüber, das imposante Gewächs links und rechts der Auffahrt zum Herrenhaus sei inzwischen dreihundert Jahre alt. Das mag übertrieben klingen, aber Hogan musste es eigentlich wissen, angeblich stellt allein seine Familie schon seit sechs Generationen dort den Gärtner. Und wenn die Hogans nicht aussterben oder die Lust verlieren, die immer gleiche Hecke schneiden zu müssen, werden auch künftige Generationen damit noch gut zu tun haben. Hogan versicherte nämlich, Eibenhecken könnten tausend Jahre alt werden.

Wer eine Eibenhecke hat, denkt also für gewöhnlich in Generationen. Doch die eigentliche Frage war doch, wie kam unsere Eibe in den Liguster? Nun, ich hatte einen Verdacht, seit ich einmal im Herbst zwei Eichhörnchen von Nachbars Erle rüber zu Nachbars Kiefer rasen sah – in ihrem typischen Spirallauf, bei dem sie den Ast in der Vorwärtsbewegung immer wieder umrunden. Sie machen das, um von ihren Feinden, Raubvögeln zum Beispiel, nicht so leicht geortet werden zu können. Sind schon pfiffige Viecher. Die beiden Exemplare hier waren noch recht klein, wahrscheinlich Geschwister. Eichhörnchenpaare gehen sich eher aus dem Weg. Der Hund hat sie trotz ihrer Geschwindigkeit gesehen, gebellt wie toll und versucht, unsere Birke raufzuklettern. Bis auf anderthalb Meter hat er es geschafft. Selbst wenn das jetzt dumm klingt, wahrscheinlich wollte er nur spielen.

Anderthalb Meter sind für einen kleinen Hund eine Menge. Als Spielgefährte für ein Eichhörnchen hat er sich damit noch nicht qualifiziert. Die würden darüber lachen – wenn sie die Zeit dazu hätten. Haben sie aber nicht. Sie haben im Herbst gut damit zu tun, sich einen Vorrat anzulegen.

Womit wir bei den Eibensamen wären. Kein Mensch verträgt die. Denn Eibensamen sind giftiger als Ligusterbeeren. Angeblich sollen sie sogar ein Pferd töten können. Einen Hund wahrscheinlich auch. Einem Eichhörnchen können sie dagegen gar nichts anhaben. Im Gegenteil, sie schätzen die Samenkapseln nicht geringer als Eicheln oder Haselnüsse. Bekanntlich sammeln sie die in irgendeinem Erdversteck und bedienen sich daraus im Winter. Weil aber Eichhörnchen ihren Vorrat manchmal nicht mehr wiederfinden, wächst dann dort eine kleine Eiche, ein Haselnussstrauch oder eben eine Eibe. Was im Wald oder vor Blickling Hall sinnvoll erscheinen mag, bei uns im Garten aber hat meine Frau ihre eigenen Vorstellungen davon, was wo wachsen soll. Da lässt sie sich auch von einem Eichhörnchen ungern etwas vormachen.

Übrigens handelte es sich bei den Tieren, die ich beobachtet habe, um die rotbraune europäische Version der Spezies. Und die steht vor einer ungewissen Zukunft. In England und Italien sind sie schon nahezu verschwunden, verdrängt von ihren robusteren nordamerikanischen Verwandten, den grauen Eichhörnchen. Es heißt, die grauen seien erfolgreicher und schlauer. Sie hätten nicht zuletzt eine viel größere Trefferquote beim Wiederauffinden versteckter Wintervorräte. Die rotbraunen sind dafür schlicht zu schusselig. In meinen Augen macht sie das durchaus sympathisch.

Zurück zu unserem Liguster. Mit der Hecke hatten wir uns also inzwischen angefreundet, so eine blickdichte Wand hat ja was für sich. Es ist auch nicht so, dass sie unser langgezogenes Handtuch irgendwie schmaler macht, im Gegenteil, sie gibt dem Garten etwas Intimes, und man weiß nicht genau, was dahinter ist, weiß man im Wald ja auch nicht immer. Jedenfalls äußerte meine Frau eines Tages den Wunsch: »Hinten will ich es auch dicht haben.« Nun, dafür hatte ich großes Verständnis, ich hatte keine Lust mehr, Frau Ganske, unserer rückwärtigen Nachbarin, dabei zuzusehen, wie sie den lieben langen Tag den Weg vor ihrer Haustür und damit hinter unserer Gartenpforte fegt. Denn hinten ist da, wo unser Garten zu Ende ist und der Weg zur nächsten Zeile beginnt. Frau Ganske war wahrscheinlich da schon älter als Frau Ulrich, die Herrin über den Garten meiner Kindheit, je war, und immer wenn ich sie fegen sah, dachte ich automatisch, ich müsste jetzt eigentlich raus, für sie weiterfegen und ihr anschließend noch anbieten, ihren Rasen zu mähen. Nun, Frau Ganske ist inzwischen verstorben. Wenn ich an sie denke, fühle ich mich ein wenig schuldig, weil sie nämlich allergisch gegen unsere Birke war. Und dann spüre ich den Drang, den Weg hinten zu fegen. Aber nur ganz kurz.

Ursprünglich stand dort hinten eine Kiefer (auf die ich noch im Kapitel »Mein Freund, der Baum« eingehen werde). Außerdem gab es einen Metallverschlag für allerlei Gerät (siehe Kapitel »Der Garten ist eine Baustelle«) und ein Maiglöckchen-Beet, auf das Frau Hollerbach, unsere Vorbesitzerin, ziemlich stolz war. Warum, hat sich mir nicht ganz erschlossen. Maiglöckchen wachsen wie Unkraut, man muss nichts dazu beitragen, sie vermehren sich einfach wie verrückt und verdrängen alles, was ihnen in die Quere kommt. Wahrscheinlich mochte Frau Hollerbach sie deshalb so gern. Ihre Maiglöckchen waren die Einzigen, die sich gegen den Efeu von Frau Ganske durchsetzen konnten, der seinerseits einfach alles mit seinem Blattwerk überzog wie eine Art Schimmel. Nein, ich bin kein Freund von Efeu, weil er in mir immer Friedhofsassoziationen weckt. Maiglöckchen jedenfalls sind sehr durchsetzungsstark, gedeihen auch im Halbschatten unter Bäumen und neigen dazu, sich wie ein Teppich auszubreiten.

Bei uns mussten sie weg, denn dort, wo die Maiglöckchen wuchsen, sollte die Buddelkiste hin. Maiglöckchen und Buddelkisten sind keine guten Nachbarn, das Kraut ist hochgiftig, so giftig, dass eine Kollegin von mir mal behauptet hat, ihr Urgroßonkel Otto sei gestorben, als er nach einer Operation aufwachte, Riesendurst bekam und das Wasser aus einer Maiglöckchenvase getrunken habe. Schwer vorstellbar, ich meine, dass jemand aus der Blumenvase trinkt. Müssen wohl schlechte Zeiten gewesen sein. Jedenfalls ist dem Maiglöckchen alles zuzutrauen. Übrigens steht das Maiglöckchen im Wald unter Naturschutz, dort darf man es nicht entfernen. Zu Hause, neben der Buddelkiste, darf man.

Was aber sollte dahin? »Bambus«, schlug ich vor. Dem Bambus sagt man nach, dass er extrem schnell wächst. Bis zu einem Meter am Tag soll er zulegen können, jedenfalls unter subtropischen Bedingungen. Bambus ist wahrscheinlich das einzige Gras, dem man tatsächlich beim Wachsen zuhören kann, bei dem Tempo macht er nämlich ein knackendes Geräusch. Unter hiesigen Witterungsbedingungen büßt er allerdings einiges von seiner sagenhaften Geschwindigkeit ein. Trotzdem, bis zu zweiundvierzig Zentimeter am Tag sind verbürgt. Schon nach vier Tagen wäre also Frau Ganske nicht mehr zu sehen gewesen.

Meine Frau wollte aber keinen Bambus. Schuld ist Siggi, Siggi Möbius. Auch ein Nachbar. Meine Frau stellt mir Siggi gern als leuchtendes Vorbild hin. Er ist Freiberufler und arbeitet deshalb viel zu Hause, scheint dabei über unbegrenzt Zeit zu verfügen, in der er für alle sichtbar an Haus und Garten herumwerkelt. Wenn er fertig ist, taucht er hinten am Gartenzaun auf und erzählt davon. »Schau mal«, pflegt meine Frau dann zu sagen, »der Siggi, was der wieder Tolles gemacht hat«. Dann zeigt sie auf seinen Rosenbogen, oder wie ordentlich er sein Werkzeug an der Schuppenwand sortiert. Sogar einen Teich hat Siggi angelegt, mit Fischen drin. Meine Güte, wer braucht schon einen Teich? Und überhaupt, hat er denn nichts Besseres zu tun, als meine Frau auf dumme Gedanken zu bringen? Insgeheim habe ich mir jedenfalls immer gewünscht, in seinem Teich möge sich ein Frosch ansiedeln. Was natürlich blöd war, weil der Frosch mit seinem Gequake ja dann nicht nur ihm, sondern auch mir den Nerv geraubt hätte. So ein Frosch schallt ja leicht hundert Meter weit. Siggi bekam keinen Frosch, dafür hatte er aber ein anderes Problem.

Eines Tages sah ich, dass er in seinem Garten einen gewaltigen Graben aushob. Bestimmt zehn Meter lang. Natürlich fürchtete ich, dass er etwas ganz Großes plante. Vielleicht wollte er seinen Teich zu einer Art natürlichem Badesee erweitern? Oder es war etwas noch viel Raffinierteres, und meine Frau würde von mir ultimativ verlangen, auch so einen Graben auszuheben? Neugierig geworden, lungerte ich also scheinbar geschäftig am hinteren Gartenzaun herum, um ihn abzupassen. Einfach zu klingeln, die Blöße wollte ich mir nicht geben. War auch nicht nötig. Erwartungsgemäß streckte er schon bald den Kopf zum Fenster heraus.

»Siggi«, sagte ich also, »was tust du da hinten?«

Er ließ sich nicht lange bitten. »Rhizomsperre, elf Meter lang, siebzig Zentimeter tief. Willst du mal sehen?«

Siggi führte mich zu einem Bambusbusch. Rhizome sind die unterirdischen Wurzelausläufer des Bambus. Siggis Busch hatte ursprünglich an einer anderen Stelle gestanden. Irgendwann war es ihm zu viel geworden, also grub er ihn aus und schüttete Sand darüber. Vergebens, der Bambus tauchte wieder auf und begann seinen Eroberungszug quer durch den Garten. Siggi mit dem Spaten immer hinterher. Doch man sah immer noch kleine Inseln. »Wusstest du, dass der Vietcong seinerzeit gefangene Amerikaner mit Bambus gefoltert hatte?«, behauptete Siggi. »Das Zeug wuchs glatt durch die durch.« Angeblich seien die Gefangenen nämlich über einem sprießenden Bambus-Schössling gefesselt worden. Was ich mir nicht vorstellen konnte, eigentlich auch nicht mochte. Trotzdem war ich beeindruckt von der unbestreitbaren Vitalität dieses Krauts, das Siggi nun mit seinem neuen Graben eindämmen wollte. Schon fragte ich mich, ob wir unsererseits Verteidigungsmaßnahmen ergreifen sollten. Vielleicht sogar einen Betonwall errichten müssten?

Ich berichtete meiner Frau, was ich gesehen hatte. Zumal sie mit den Maiglöckchen schon solche Probleme gehabt hatte. Die verbreiten sich über ein ganz ähnliches System wie der Bambus mit seinen Rhizomen. Mir fiel meine alte Kollegin wieder ein, die passionierte Gärtnerin, deren Onkel Otto angeblich an Maiglöckchen-Wasser gestorben war. »Maiglöckchen können hassen«, hat sie mal behauptet, »Veilchen zum Beispiel.« Angeblich lassen Veilchen schneller die Köpfe hängen, wenn sie mit Maiglöckchen zusammen in derselben Vase stehen. Wer kann schon voraussagen, wozu der Bambus noch fähig ist? Ob der vielleicht auch hassen kann? Ich musste an Siggis Vietcong-Geschichte denken, und er tat mir ein bisschen leid. Nun, Rhizome sind nicht jeder Bambus-Art eigen, aber die, die sie haben, sind schwer aufzuhalten. Die Rhizomsperre in Form eines ausreichend tiefen Grabens, in den man eine Art Plastikwand einbringt, ist unabdingbar, will man nicht riskieren, dass sich der eigene Garten in einen Bambusdschungel verwandelt.

Und noch eine Eigenschaft sagt man dem Bambus nach: Er stirbt nach der Blüte. Das passiert zwar nur einmal in Jahrzehnten, wenn es denn aber geschieht, ist der

Tod durch nichts aufzuhalten. Und gespenstischerweise erwischt es dann auch gleich alle Bambus-Pflanzen vom gleichen Stamm, das ist ihnen genetisch so vorgegeben. Der Bambus ist schon irgendwie unheimlich. Jedenfalls stand für mich fest, dass ich keine Pflanze im Garten haben wollte, die möglicherweise hassen kann und dabei zudem gefährlich schnell wuchs. Vielleicht habe ich dabei aber auch ein bisschen überreagiert. Später hatten wir dann nämlich doch einen Bambus, der erwies sich als vollkommen harmlos. Muss eine sensible Sorte gewesen sein, denn er ist gleich im ersten strengen Winter verstorben – ganz ohne Blüte.

Stattdessen haben wir uns für eine Lösung entschieden, für die sich 90 Prozent aller Gärtner entscheiden, und die deshalb als die langweiligste gilt. Aber wir hatten gute Gründe. Genauer genommen, hatte meine Frau gute Gründe.

Sie hat nämlich ein großes Herz für Pflanzen. Das zeigt sich zum Beispiel in unserem Vorgarten. Wahrscheinlich handelt es sich um ein Sonnenauge. Ganz sicher bin ich mir da nicht, aber die Beschreibung im Kosmos-Kompakt-Gartenlexikon in der Rubrik Sonnenauge passt auf die Pflanze, die da in unserem Vorgarten steht: gelbe Blütenblätter, wächst in Gruppen und ist pflegeleicht.

Genaueres weiß ich leider nicht, denn Sonnenauges Herkunft liegt im Dunkeln. Sagen wir mal, sie ist adoptiert. Jedenfalls hat meine Frau sie eines Abends von einem Spaziergang mitgebracht und behauptet, sie an einer Laterne gefunden zu haben. Sonnenauge sei dort gewissermaßen ausgewildert worden, und weil sie so hübsch ausgesehen habe, hat meine Frau einfach ein paar Stängel mitgenommen. Die vermehrten sich in unserem Vorgarten wie verrückt. Für meinen Geschmack ist die gelbe Blüte sogar schon ein wenig zu dominant. Man könnte sogar sagen, sie wächst wie Unkraut. Aber was soll man machen? Wie gesagt, meine Frau hat einfach ein großes Herz für Pflanzen. Sonnenauge ist nämlich nicht die Einzige, die uns zugelaufen ist.

Der erste Kandidat war ein verstoßener Weihnachtsbaum, so ein kleiner, im Topf. Der stand am Straßenrand, da hat sie ihn mitgenommen. Drei Jahre hat er bei uns noch gehabt, dann ist er eingegangen, der kleine Kerl. Ich glaube, es war meine Schuld. Meine Frau hätte ihn ja bei uns eingepflanzt. Aber dagegen habe ich mich gewehrt. Ich wollte keine Tanne im Garten. Immerhin, er hatte noch eine schöne Zeit bei uns.

Dann kam die Zuckerhutfichte, auch ein Weihnachtsopfer, das jemand nach den Festtagen einfach vor die Tür gesetzt hatte. Die Zuckerhutfichte hielt sich lange ganz gut, obwohl sie wie die Tanne nie aus ihrem Topf herauskam. Leider kriegte sie nur von einer Seite Sonne, auf der anderen wurde sie ganz braun. Sie hätte unbedingt mal gedreht werden müssen.

Ich habe auch mal etwas gefunden: Ein Stück Rollrasen. Der muss vom Laster gefallen sein. Jedenfalls lag er auf der Straße, und da hätte er es bestimmt nicht lange gemacht. Gewissermaßen habe ich ihn also gerettet. Und weil unser Rasen ziemlich schlimm aussah, wir haben da eine Problemzone unter den Bäumen, war der Findling sehr willkommen. Leider waren es ausgerollt keine zwei Quadratmeter. Und die sind nichts geworden. Toll, dachte ich zuerst. Dankbarkeit sieht anders aus. Aber vielleicht war der Rasen irgendwie traumatisiert. Es heißt doch immer, Pflanzen haben eine Seele.

Wichtiger an dieser Stelle ist, dass meine Frau schließlich eine Thuja mitbrachte. Die lehnte mit ihrem Ballen an einem Zaun. Zwei Tage ist meine Frau um die rumgeschlichen, denn eigentlich wollte sie auf keinen Fall eine Thuja. »Zu langweilig« hat sie immer gesagt, aber dann konnte sie das Gewächs doch nicht stehen lassen, hat sie einfach mitgenommen und hinten in unsere Problemzone gepflanzt. Nicht nur das, sie hat ihr auch noch drei Freundinnen dazugekauft, jetzt stehen die vier da als eine Art Minihecke. Thujas sind nicht ganz so einfach. Man muss beim Beschneiden aufpassen, darf nicht ins Holz kommen. Aber die vier haben sich da hinten ganz gut gemacht, obwohl sie nicht schrecklich viel Sonne bekommen und man immer darauf achten muss, dass sie nicht aus dem Dunstkreis unserer Bewässerungsanlage geraten.

Aber eine reine Thuja-Hecke, das war meiner Frau doch zu monoton. Deshalb hat sie als Ergänzung dazu auf der anderen Seite vom Weg einen Kirschlorbeer gepflanzt. Ich hielt es erst für eine blöde Idee, weil Kirschlorbeer mehr Busch als Hecke ist, schnell in die Breite geht. Aber ich muss zugeben, er hat sich dahinten sehr gut entwickelt, auch mit nur wenig Sonne. Der große Vorteil eines Kirschlorbeers ist, dass man daran praktisch gar nichts kaputt machen kann. Selbst, wenn man ihn bis auf den Boden runterschneidet, dauert es nicht lange, und er ist wieder da.

Frau Runge hatte inzwischen offenbar das Bedürfnis, sich noch weiter von uns abzugrenzen. Sie pflanzte an ihrer Palisade zu unserer Linken eine Klematis, die sich ziemlich rasch über den gesamten Holzzaun ausbreitete. Sie sah ganz hübsch aus mit ihren blauvioletten Blüten. Aber sie griff nach allem, was sich ihr bot, ringelte sich so fest um unseren Hibiskus, dass man schon um ihn fürchten musste. Immerhin, Klematis ist nicht als gefährlich bekannt, obschon es nicht einfach ist, eine Klematis wieder zu lösen, wenn sie sich erst mal irgendwo verknotet hat.

Aber da gibt es ganz andere Würger. Etwa wächst aus der Ligusterhecke rechts nicht nur besagte Eibe, sondern auch noch irgendein ahornblättriges Monster, das sich um alles schlingt, was ihm in den Weg kommt. Vermutlich handelt es sich um Hopfen. Leider kann man aus ihm nichts Gescheites machen, jedenfalls kein Bier. Allenfalls einen beruhigenden Tee. Hopfen aus der Hecke zu knüpfen ist ein aussichtsloses Unterfangen. Er scheint mir sogar noch eine Spur aggressiver zu sein als Klematis. Beide sind allerdings gar nichts gegen die Wisteria, auch Blauregen genannt. Ein einziger Trieb einer Wisteria soll mal hundertfünfzig Meter lang geworden sein. »Lichtfliehender Wuchs in Ritzen und Spalten mit Sprengwirkung« steht in einem Gartenlexikon im Internet. Klingt bedrohlich und ist es auch. Die Wisteria mit ihren hängenden, blauen Blütenkaskaden ist der aggressivste Würger im Pflanzenreich. Sie soll schon Dachziegel verschoben, Eisengeländer verbogen und Regenrinnen erdrosselt haben. Das Ding ist eine Gefahr fürs Haus!

Aber bei uns ging es nicht um Wisteria, bei uns ging es um Klematis. Meine Frau behauptete, das Ding würde den Himmel verdunkeln und ihre Beete verschatten. Ich solle einschreiten. Tatsächlich hat unsere Nachbarin sie auf meine Bitte hin runtergeschnitten, eines Tages war sie sogar ganz weg oder jedenfalls so gut wie. Sie scheint eingegangen zu sein. Tat mir direkt ein bisschen leid, eigentlich fand ich sie ganz hübsch.

Meine Frau ist in die Bresche gesprungen, indem sie auf unserer Seite wilden Wein pflanzte. Wilder Wein rankt ebenfalls wie toll, hat den Vorteil, dass er eine hässliche Wand ziemlich schnell verdeckt, obwohl er bei uns so gut wie nie Sonne kriegt. Leider kriegt er auch keine Weintrauben, jedenfalls keine genießbaren. Das würde ihn in meinen Augen in den Rang einer Nutzpflanze erheben und damit ungeheuer aufwerten. Ohnehin ist das ja unser gärtnerischer Grundkonflikt. Ich hätte gern viel mehr Pflanzen, mit denen man irgendetwas anfangen kann. (Ich gehe darauf noch im Kapitel »Ich wäre so gern ein Farmer« ein.)

Eines Tages passierte es dann, der Wein hing großflächig runter bis auf den Terrassenboden, er hatte sich aus irgendeinem Grund von der Wand gelöst. Offenbar ist Wein deutlich weniger tough als Klematis, jedenfalls braucht er immer eine Kletterhilfe. Meine Frau war darüber ziemlich traurig. »Schade«, habe ich also pflichtgemäß gemurmelt, obwohl ich eigentlich sagen wollte: »Warum hat er sich auch nicht besser festgehalten?« Es ist ja nicht so, dass er seine Chance nicht hatte. Immerhin, sie hat ihn irgendwie wieder an die Wand gebracht. Und da wuchert er jetzt gern mal rüber zu den Nachbarn, was die begreiflicherweise gar nicht gut finden. Wie gesagt, die Grenzbereiche eines Gartens können schnell zur Konfliktzone werden. Man tut also gut daran, sich sehr genau zu überlegen, wie man diese Zone gestalten will.

Neulich bin ich übrigens bei meinem Freund vorbeigefahren. Der mit dem Reihenhaus, der auf Zäune zwischen sich und seinem Nachbarn verzichtet hatte. Zur Rechten hat er jetzt einen, der Nachbar habe ihn dazu aufgefordert. Ich muss ihn bei Gelegenheit mal fragen, was da vorgefallen ist.

3
Mein Freund, der Baum

Eines war von vornherein klar: Ich wollte einen Baum pflanzen. Einen Sohn hatte ich ja schon, ein Haus jetzt auch, nun musste ein Baum her. Wenn man Glück hat, dann ist so ein Baum etwas für kommende Generationen. Eine Eiche zum Beispiel, die wird locker ein paar Hundert Jahre alt. Pflanzt man also einen Baum, dann könnten sich noch – sagen wir in hundert Jahren – Leute darunter in den Schatten setzen und sagen, Mensch, toller Baum, den hat doch damals der Austilat gepflanzt. Ich könnte ja notfalls ein Schildchen an dem Baum anbringen, damit die auch wissen, dass ich es war, der den hier gesetzt hat.

Vor der Hauptbibliothek der Freien Universität in Berlin zum Beispiel stand lange ein Schild neben einem Papiermaulbeerbaum, eine Spende anlässlich des fünfzigjährigen Gründungsjubiläums der Universität. Papiermaulbeerbaum, das ist natürlich für eine Bibliothek ungeheuer symbolträchtig. Aus den Blättern des Papiermaulbeerbaums schöpfen sie heute noch in Japan mit der Hand Papier für besondere Anlässe. Außerdem stand da »10. Mai 2002«. Zehn Jahre später hatte der Baum gerade mal fünf Ästlein, war wenig höher als einen Meter. Entweder sie hatten den Setzling schon einmal heimlich ausgetauscht, oder es würde noch ziemlich lange dauern, bis dieser hier seine fünfzehn Meter erreicht hätte. So hoch wird nämlich ein ausgewachsener Papiermaulbeerbaum. Muss man alles bedenken, bevor man einen Baum setzt: Will ich da selber noch druntersitzen? An der FU verloren sie offenbar irgendwann die Geduld. Der Baum ist inzwischen weg, der Platz wurde gepflastert.

Wir haben gar nichts bedacht seinerzeit. Wir bekamen zum Einzug einfach von Tom und Dorit den bereits erwähnten Pflaumenbaum geschenkt. »Schaut mal«, hieß es, »den hatten wir übrig. Und ihr habt doch jetzt Platz.« Die beiden sind gute Freunde, aber sie gehören einer Art Baum-Guerilla an. Sie sind bekannt dafür, dass sie etwa auf Mittelstreifen oder in Gegenden, die sie irgendwie zu baumlos finden, einfach einen Baum hinpflanzen. Ehrlich gesagt, wusste ich das Geschenk damals nicht recht zu schätzen. Es kam so überraschend. Einen Pflaumenbaum! Ich hatte eigentlich mehr an etwas Erhabeneres gedacht, etwas, das richtig groß wird. Eine Kastanie zum Beispiel.

Als Kind habe ich mal Kastanien gesammelt, eine ganze Menge sogar. Natürlich wollte ich daraus etwas basteln, kleine Figuren. Ich glaube, ich habe auch zwei, drei pferdeähnliche Objekte fertiggestellt, dann verlor ich die Lust. Also packte ich die übrigen Kastanien unters Bett und vergaß sie dort. Meine Mutter fand sie irgendwann, sie sahen schon ein bisschen vergammelt aus, und obwohl ich großes Theater machte, wollte sie die wegwerfen. Aber statt sie in der Mülltonne zu entsorgen oder auf den Kompost zu packen, hat sie meinen Kastanienschatz gegenüber der Tonne ganz einfach vergraben. Ich weiß auch nicht, was sie sich dabei gedacht hat, aber es passierte, was passieren musste, die Kastanien keimten im nächsten Frühjahr, und irgendwann zeichnete sich ab, dass da gleich gegenüber der Mülltonne ein Kastanienwäldchen entstehen würde. Ich war begeistert.

Ein eigenes Kastanienwäldchen. Ich malte mir schon aus, wie ich eines Tages darin herumspazieren würde und mich nur zu bücken bräuchte, um so viele Kastanien, wie ich nur wollte, aufzusammeln. Für mich repräsentierten Kastanien einen gewissen Wert. Für meine Mutter leider nicht, sie hat mein Wäldchen schon in einem sehr frühen Stadium gerodet. Daran musste ich jetzt denken. Eine Kastanie zum Beispiel, das ist ein schöner Baum. Und ein ziemlich großer.

Eine Eiche hätte ich auch toll gefunden. Vorn bei uns an der Straße steht auf öffentlichem Grund eine einzelne Eiche. Sie ist der größte Baum weit und breit und der Einzige, der seinen eigenen Platz haben darf. Alle anderen, die Platanen und die Kastanien, die unsere Straße säumen, müssen in Reih und Glied stehen. Die Eiche nicht. Das liegt daran, dass es sie schon gab, als unsere Häuser hier noch gar nicht standen. Gut möglich, dass sie schon mehr als hundert Jahre alt ist, dick genug wäre sie, und für eine Eiche sind hundert Jahre ja ein Klacks. Es gibt in Deutschland Eichen, die sind mehr als achthundert Jahre alt. Ich habe mal bei der Abteilung Straßengrün unseres Bezirksamtes angerufen, ob die nicht wissen, seit wann die Eiche da steht. War zwecklos, die Eiche ist älter als das Amt. Genaueres wird man erst sagen können, wenn sie mal gefällt wird. Was schneller passieren könnte, als es den Anschein hat.

Die Eiche steht nämlich im Weg. Den parkenden Autos oder den Schneereinigern, die im Winter nicht richtig an ihr vorbeikommen. Natürlich verliert sie ab und an mal einen Ast. Ich mag mir gar nicht ausmalen, was passiert, wenn da mal was Größeres runterkommt. Dann wird sie wohl fällig sein, schon aus Sicherheitsgründen. Vor einem Jahr ist bei uns in der Stadt mal eine Linde umgefallen, einfach so, ohne Sturm. Die Ursache war wohl Wurzelfäule, jedenfalls passiert das bei Straßenbäumen hin und wieder. Die haben ja auch viel auszuhalten. Zum Beispiel wenn bei Straßenbauarbeiten die Wurzeln beschädigt werden. Und weil neben unserer Eiche vor einem Jahr neue Gasleitungen verlegt wurden, war ich ziemlich froh, als sie im Frühling darauf wieder grünte. Was ganz schön lange dauerte, weil die Eiche immer spät dran ist.

Eine Eiche wäre jedoch bei uns im Garten natürlich keine gute Wahl gewesen. Erstens wächst sie zu langsam, zweitens wird sie viel zu groß. Folgende Generationen würden mich also nicht feiern, sondern möglicherweise beschimpfen, während sie die Laubberge aus dem Garten harken, der mal meiner war. Kommt noch hinzu, dass unser neuer Garten ja auch nicht leer war, als wir ihn übernahmen. Im Gegenteil, es gab kaum eine Lücke, in der ich mit meinem Baum ein Zeichen setzen könnte. Ein komplett bepflanzter Garten: mit Forsythie und Konifere, Rosen und Rasen. Er war Mitte der Sechzigerjahre angelegt worden und im Geschmack seiner Zeit gehalten. Inzwischen hatten wir Ende der Neunziger, angesagt war irgendwie Japanisches, Ying und Yang, weißer Kies und Bonsai. Wir hatten keinen weißen Kies, wir hatten eine Kiefer, wie fast alle Nachbarn. Die war allerdings schon ein bisschen zu groß, um als Bonsai durchzugehen, gut zehn, zwölf Meter hatte sie bereits erreicht.

Kiefern müssen Mitte der Sechzigerjahre unheimlich angesagt gewesen sein in Berlin. Oder es gab sie gerade günstig. Jedenfalls hatten alle Nachbarn ungefähr gleich hohe, etwa dreißig Jahre alte Kiefern im Garten. Die Siedlung sah ein bisschen aus wie ein märkischer Nadelwald. Vielleicht dachten auch alle, das muss so sein, weil die Kiefer nun einmal als der märkische Baum schlechthin gilt. Vor allem im Berliner Südwesten. Dort hat um 1900 der Maler Walter

Leistikow seine berühmten Kiefernbilder gemalt: See, mit Kiefern drum herum. In Wirklichkeit ist das mit den Kiefern ja ein Riesenmissverständnis, das die brandenburgischen Forstbehörden gerade versuchen zu reparieren. Seit zwanzig Jahren pflanzen sie zum Beispiel Linden zwischen die Kiefern, weil man weg will von der Monokultur der vergangenen Jahrhunderte. Weil diese Monokulturen nämlich ziemlich anfällig sind gegen Sturmschäden. Muss ich immer dran denken, wenn ich oben im Bett liege und durchs Dachfenster Nachbars Kiefer beim Schwanken zugucke. Man stelle sich vor, die fällt mal in unser Dachfenster. Dann wird es eng für mich und meine Frau.

Der Brandenburgische Wald – und Brandenburg ist das waldreichste Bundesland Deutschlands – ist keineswegs dem Märchen entsprungen. Er ist ein Nutzwald, geboren aus rein ökonomischen Erwägungen. Und solch ein Wald stand auch nicht nur in der DDR, in der das Holz immer knapp gewesen ist und man auf eine »industriemäßige Forstproduktion« setzte, wie man damals sagte. Das war vorher auch schon so, man kann es heute noch vielerorts sehen. Denn da stehen achtzig Jahre alte Bäume in Reih und Glied, und kein Busch dazwischen, der irgendwie stören könnte. Man kann die DDR eben nicht für alles verantwortlich machen. Im Gegenteil, knapp fünfzig Jahre DDR sind doch für so einen Baum gar nichts, hundertzwanzig Jahre dauert es, bis eine Kiefer ordentliches Möbelholz liefert. Und wer ganz genau hinguckt, zum Beispiel bei Caspar David Friedrich, der seine Wälder ja noch fast hundert Jahre vor Leistikow gemalt hat, der sieht auf manchen dieser Bilder Fichten, den anderen deutschen Nadelbaum, ebenfalls in Reih und Glied. Und sie tun das nicht, weil es der Natur so gefällt. Sondern weil »die eintönige graue Kiefer das freundliche, lebendige Laubholz« verdrängt hat, wie Friedrich Wilhelm Pfeil, der Nestor der brandenburgischen Forstwirtschaft, schon in den 1830er Jahren schrieb. Aus einem ganz einfachen Grund: »Das materielle Bedürfnis gestattet immer weniger, dem Sinn für das Schöne in der Waldwirtschaft Raum zu geben.« Der Satz ist auch von Pfeil. Den Wald, in dem Hänsel und Gretel sich verlaufen haben, gibt es schon ziemlich lange nicht mehr. Sonst würde es nicht so viele Kiefern geben. Experten schätzen den Anteil der Kiefer im hiesigen Wald auf allenfalls 20 Prozent, würde man den Forst sich selbst überlassen. Und unsere Eiche vorn an der Straße wäre keineswegs einsam.

Die Sache war nur die, würden wir unseren Miniforst hinter dem Haus sich selbst überlassen, würde das Ding noch in hundert Jahren monokulturell vor sich hin nadeln. Das ist aber nicht mehr zeitgemäß, denn eine Kiefer produziert keinen Humus. Deshalb will man heute im Wald dazwischen noch etwas anderes haben, den Weißdorn zum Beispiel, die Birke und die Wildkirsche. Aus denen kann man zwar keine Möbel bauen, aber auf deren Humus gedeihen Farne und Kräuter und machen den Wald ein bisschen widerstandsfähiger. So weit die Theorie, so weit der Plan in der aktuellen Forstwirtschaft. Was aber sollte unser Plan sein?

Gegen einen Pflaumenbaum, wie der, den wir geschenkt bekommen hatten, ist ja nichts zu sagen. Ich mag Pflaumen. Aber wo sollte er hin? Mitten auf dem Rasen wäre ein guter Platz gewesen, später hätte ich ihn da auch hingepflanzt. Und meine Frau erst recht. Sie träumt von einem Garten, der eben nicht auf einen Blick zu übersehen ist, der wenigstens die Illusion von verschwiegenen Winkeln kennt. Mir schwebte eigentlich im Zentrum eine Art Spielwiese vor.

Ein Rasen, auf dem wir Fußball spielen würden oder Federball. Vielleicht sogar Tischtennis. In dem Garten, in dem ich groß geworden war, hatten wir eine Tischtennisplatte. Ich erinnere mich allerdings auch noch, dass an beiden Enden der Platte kein Gras mehr wuchs. Der Boden dort war hochgradig verdichtet. Gut, eine Tischtennisplatte musste ja nicht sein, ein Ballspielplatz aber unbedingt. Rückblickend muss ich sagen, wäre auch das nicht nötig gewesen. Mit den Jahren bekam der Junge einen immer härteren Schuss, das heißt, wo der Ball einschlug, blieb keine Rose stehen.

Für den Pflaumenbaum blieb nur der Rand. Wir pflanzten unseren Pflaumenbaum ziemlich genau auf die Grenze zum Ehepaar Runge. Leider erwies sich der Standort als wenig geeignet, weil der ursprünglich recht kleine Pflaumenbaum ziemlich schnell ziemlich groß wurde. Auf jeden Fall schneller als ein Papiermaulbeerbaum. Trotzdem blieb der Ertrag enttäuschend. Wir fragten Tom und Dorit deshalb, ob sie ihren Pflaumenbaum nicht doch irgendwo anders freilassen wollten, weil er bei uns nicht richtig zur Geltung käme. Und zum wahrscheinlich letztmöglichen Zeitpunkt, der Wurzelballen war schon erstaunlich groß, haben wir ihn wieder ausgegraben und bei ihnen eingepflanzt, auf ihrem Wochenendgrundstück bei Rhinow im Havelland. Wir haben ihn im dortigen Exil gelegentlich besucht, und ich muss sagen, dass ich meine Entscheidung später bereut habe. Jedenfalls gibt es mir immer wieder einen Stich, wenn ich sehe, wie prächtig er sich dort entwickelt hatte und wie unglaublich viele Früchte solch ein einziger Baum liefern kann. Wer weiß, vielleicht hätte er uns im Fall einer schweren Wirtschaftskrise ganz allein ernährt.

Wahrscheinlich hätte er bei uns aber auch gar nicht entsprechend gedeihen können, weil er immer im Schatten von Nachbars Erle gestanden hätte. Das Ehepaar Runge gehörte nämlich zu den wenigen Ausnahmen, die seinerzeit nicht dem Kiefernwahn verfallen waren und sich extravaganterweise für eine Erle als Hausbaum entschieden hatten. Eine interessante Wahl, ich habe gelesen, dass Erlen es gern feucht haben, jedenfalls siedeln sie in freier Natur in sumpfigen Niederungen oder an Flussläufen. Das klingt zunächst mal ziemlich wartungsintensiv.

Ich mag das ja nicht so gerne, wenn ich abends nach Hause komme und meine Frau zum Beispiel sagt: »Schatz, kannst du noch den Garten wässern?« Ich stehe nicht gern mit dem Schlauch in der Hand draußen rum. Der Abend ist sowieso eine blöde Zeit dafür, Pflanzen können mit dem Wasser dann nicht mehr viel anfangen. Weil nachts nämlich gar keine Fotosynthese stattfindet. Pflanzen geben dann Feuchtigkeit ab, aber sie nehmen keine mehr auf. Pflanzen mögen es auch nicht, wenn man sie in der prallen Sonne sprengt, davon kriegen sie gelbe Flecken. Sie wollen morgens gegossen werden, am liebsten zwischen sechs und acht. Was ich aber auf gar keinen Fall will, ist, morgens geweckt zu werden mit dem Satz: »Schatz, kannst du mal den Garten wässern?«

Meistens kommt der doch auch so klar, es sei denn, wir haben eine Dürreperiode. Manche Leute legen sich für diesen Fall eine Regenwassertonne zu. Dabei braucht ein Garten zwischen zwei und fünf Liter Wasser pro Quadratmeter. Sagt meine Frau, und die liest praktisch jede Gartenzeitschrift, die der Kiosk hergibt. Schon bei zweihundert Quadratmetern ist die Tonne also im Nu alle und bleibt es auch. Weil, es ist ja Dürre, sonst bräuchte man auch nicht zu gießen, egal, ob aus der Tonne oder aus dem Hahn. Aus Letzterem wird die Gießerei aber auch schnell zu einer teuren

Angelegenheit. Es sei denn, man hat ein Grundstück wie mein Bruder Michi, eigentlich eher eine Plantage gewaltigen Ausmaßes. Und er ist nicht mal an die Kanalisation angeschlossen. Dafür darf er seinen eigenen Brunnen betreiben. Was er sprengt, fördert er selbst. Ich beneide ihn ein wenig darum.

In England darf bei Dürre gar nicht gesprengt werden. Die überwachen das dort manchmal sogar aus dem Hubschrauber. Ist der Garten noch grün, macht man sich verdächtig. Ganz schön hart, die Briten. Stellen Sie sich mal einen Baum vor. So ein ganz normaler Straßenbaum ist hochsensibel. Die Schicht, auf die es ankommt, liegt hauchdünn zwischen Holz und Rinde. Das sind nur ein paar Kilo Zellmaterial, die den ganzen Baum managen. Sehr verletzlich übrigens, daran sollten Sie denken, bevor Sie das nächste Mal ein Herz in den Stamm ritzen. Durch diese Schicht schießt der Baum beeindruckende Mengen Wasser von der Wurzel nach oben, um sie dort bis ins letzte Blatt zu verteilen. Bei einem großen Baum können das tausend Liter täglich sein. Und das macht der Baum vollkommen geräuschlos, wofür ich ihm sehr dankbar bin. Man stelle sich vor, jeder Baum würde arbeiten wie eine handelsübliche Pumpe. Bei der Förderleistung wäre dort draußen ein Höllenspektakel.

Grund genug, auch dem Straßenbaum vor der Tür bei Dürre mal ein paar Eimer zu spendieren. Es ist nur manchmal nicht ganz einfach, das Wasser an die richtige Stelle zu gießen. Normalerweise hat ein Baum die für diese Zwecke empfänglichsten Wurzeln unter dem Randbereich seiner Krone. So ein Baum ist nicht blöd, der weiß genau, dass unter der Krone weniger Wasser fällt. Da schirmen seine Blätter ja den Boden ab. Deshalb hat er die Haarwurzeln außen im Traufbereich. Was er nicht weiß, ist, dass er als Straßenbaum genau in dieser Zone in aller Regel eine wasserdichte Asphaltdecke bekommt.

Meine Frau hat unser Bewässerungsproblem übrigens auf eine, wie ich finde, erstaunlich praktische Weise gelöst. Früher war sie nicht sehr für Basteleien. Aber eines Tages brachte sie diesen Bewässerungsautomaten aus dem Baumarkt mit. Das hätte sie sich auch nicht träumen lassen, dass sie sich mal für Baumärkte interessieren würde. »Was willst du denn damit?«, habe ich noch gefragt. Sie hat sich nicht beirren lassen und tagelang herumexperimentiert, bis sie zwei hin und her schwenkende Sprenger so aufgestellt hatte, dass sie den Garten ziemlich genau abdeckten. Und der Automat schaltete die beiden zu jeder gewünschten Tageszeit ein und aus.

Die ganze Anlage musste allerdings schon zwei Mal nachjustiert werden. Beide Male war ich zuvor schwer gestürzt, als ich im Dunkeln vom Fahrradschuppen zum Haus wollte und den im Boden verankerten Sprenger übersehen hatte. Meine Frau war ziemlich verärgert. »Weiß du eigentlich, wie viel Mühe das macht, den Sprenger jedes Mal richtig auszurichten?«, hat sie mich gefragt. Tatsächlich ist es immer ganz lustig anzusehen, wie sie in der Regenjacke und mit Schirm durch den Garten hastet, um den Weg des Wassers persönlich zu überprüfen. Wie auch immer, ich habe ihr erklärt, dass man so etwas unterirdisch verlegen könne. Und unter Wasserdruck kommt der Sprenger dann aus dem Boden gefahren. Sie hat mir gar nicht richtig zugehört. Also, das letzte Wort ist in dieser Angelegenheit noch nicht gesprochen.

Aber ich muss zugeben, dass ich ihre Anschaffung schnell schätzen lernte. Das ist nicht immer so, meine Frau kauft schon mal irgendwelches Zeug, zum Beispiel zwei Deko-Salamander aus Metall, die seit Jahren noch originalverpackt im Keller liegen. Und auch ihre Sprenger-Installation habe ich zunächst kritisiert, weil ich das für Wasserverschwendung hielt. Messungen meinerseits haben aber ergeben, dass wir sogar weniger Wasser verbrauchen als vorher. Das liegt daran, dass meine Frau auch noch ein Gerät zur Kontrolle der Bodenfeuchtigkeit integriert hat, das stoppt die Anlage, wenn es nass genug ist. Ich weiß gar nicht, wo sie das her hat. Ist jedenfalls sehr praktisch, vor allem, wenn man in den Urlaub fährt.

Früher kam dann immer mein Schwiegervater zum Sprengen. Und ich hatte ihn stets im Verdacht, dass er zu reichlich sprengt. Ist ja nicht sein Wasser. Und es kommt leicht zu Missverständnissen zwischen uns. Einmal zum Beispiel, da hat er uns im Sommerurlaub an der Nordsee angerufen. Bei leichtem Nieselregen kauerten wir uns gerade in einen Strandkorb, und er wollte wissen, wie es uns geht.

»Prima«, log ich, »und selbst?«

»Auch prima«, antwortete er, »ich stehe auf eurer Terrasse und sprenge euren Rasen.«

Das Komische an meinem Schwiegervater ist, wenn er bei uns ist, habe ich manchmal den Eindruck, als ob ich in meinem Haus selber nur zu Besuch wäre. Vielleicht liegt es daran, dass ich den Umgang mit Vätern nicht so gewohnt bin, ich habe meinen eigenen relativ früh verloren. Vielleicht hat es auch damit zu tun, dass mein Schwiegervater ein außerordentlich vielseitig begabter Handwerker ist, der zudem Spaß an dieser Arbeit hat. Mehr als ich. Er hat bei uns schon gefliest, Parkett verlegt, gemalert, Schränke gebaut – natürlich helfe ich ihm dabei, so gut ich kann. Aber ich komme mir dann meistens so vor, als sei ich nicht der Bauherr, sondern der ein wenig minderbemittelte Lehrling.

»Du sprengst?«, fragte ich und fügte unnötigerweise hinzu, »bei uns regnet es.«

»Hier nicht«, hat er gesagt, »hier ist es prima.«

Es gab eigentlich keinen Grund, aber ich habe mich schon geärgert. Lag natürlich auch daran, dass das damals ein ganz mieser Sommer an der Nordsee war und meine Laune sowieso längst im Keller. Einer von diesen Sommern, in denen Einheimische zu sagen pflegen: »Also so schlecht war es eigentlich noch nie.« Egal, seit wir diesen Wasserautomaten haben, muss niemand mehr sprengen. Niemand weckt mich mehr im Morgengrauen mit dem Satz: »Schatz, kannst du mal den Garten wässern?« Stattdessen heißt es jetzt manchmal: »Schatz, kannst du mal mit dem Hund raus?« Leider gibt es da noch keine Automaten-Lösung.

Zurück zur Erle. Es kann natürlich sein, dass für die Erle das alles gar kein Problem ist. Die hat nämlich außerordentlich tief reichende Wurzeln, vielleicht stößt die ja in wasserführende Schichten vor, von denen wir hier oben gar keine Ahnung haben. Die Erle ist ohnehin ein bisschen anders als normale Bäume. Im Herbst zum Beispiel, wenn die Linden bei uns in der Parallelstraße schon ratzekahl sind, hat die Erle mit ihrem Blattabwurf noch gar nicht richtig begonnen. Sie ist dann oft sogar der einzige noch grüne Laubbaum weit und breit.

Die Erle ist ein ziemlich kluger Baum, sie hat im Laufe der Evolution gelernt, sich möglichst wenig Stress zu machen. Bäume werfen ihr Laub ja nicht freiwillig ab. Sie tun das, weil sie sonst im Winter verdursten würden. So ein Baum atmet gewissermaßen über seine Blätter. Er nimmt durch die Fotosynthese Nährstoffe auf und setzt dabei Wasserdampf frei. Ich weiß nicht genau, wie viel das bei einer Erle ist, aber bei einer Rotbuche können das vierhundert Liter pro Tag sein, die über die Wurzeln wieder reinkommen müssen. Unmöglich, wenn im Winter der Boden friert. Also schaltet der Baum auf Sparbetrieb, wenn die Tage kürzer und kühler werden. Er wirft seine Blätter ab, womit er eine Menge Mühe hat. Denn vorher muss er das darin enthaltene Chlorophyll abbauen und sich den Stickstoff aus den Blättern zurückholen, den braucht er noch. Sichtbares Zeichen für dieses Drama ist die Gelb- oder Rotfärbung der Blätter. Normalerweise wird der dafür zuständige Farbstoff vom grünen Chlorophyll überdeckt. Jetzt nicht mehr.

Der Erle ist das alles gleichgültig. In der Atmosphäre ist genug Stickstoff vorhanden, mit dem die meisten Bäume bloß nichts anfangen können. Die Erle aber bewirtet in ihren Wurzeln Bakterien, die diesen Stickstoff für sie auffangen. Sie muss also nicht mehr gucken, ob in ihren Blättern noch irgendetwas Verwertbares ist. Sie wirft die schließlich einfach so weg, wie sie sind. Vollkommen unromantisch, ohne dramatisches Rot und Gelb schmeißt sie uns ihr Laub vor die Füße. Weshalb die Erle leider auch ein ziemlich langweiliger Baum ist, jedenfalls im Herbst. Und ein nerviger dazu. Sie braucht nämlich reichlich lange, um ihr Laub loszuwerden, Laub, das ich am Ende wegfegen muss.

Da bietet eine Kiefer natürlich gewisse Vorteile. Die hat gar kein Laub abzuwerfen und ist immergrün. Sie wirft mit Kiefernzapfen, aber die kann man gut gebrauchen. Die Zapfen wirken wie Brandbeschleuniger, es gibt nichts Besseres, wenn man mal ein Lagerfeuer machen will. Leider zeigte sich schon bald noch eine hässliche Eigenschaft der Kiefer: Sie nadelt. Sie nadelt ganz erheblich. Ich würde sogar sagen, unsere Kiefer stand gewissermaßen symbolisch für das Waldsterben. Man sah sie zwar nicht wirklich sterben, sie wirkte aber immer ein bisschen schütter und nadelte wie verrückt. Nun wird dem Aroma der Kiefernnadeln eine beruhigende Wirkung zugeschrieben, die hier machten mich wahnsinnig. Immer zwei hingen wie eine kleine Gabel beieinander und hakten sich überall ein: In den Büschen, zwischen den Grashalmen, im Zaun. Da hängen sie dann bis in alle Ewigkeit, weil sie praktisch nicht verrotten. Man kann sie nur mühsam aufklauben und wegschmeißen. Nicht einmal als Kompost taugen sie. Im Gegenteil. Kiefernnadeln machen den Boden sauer, unter ihnen wächst so gut wie nichts mehr. Außer Maiglöckchen, die wir ja mühsam entfernt hatten, und ein paar Walderdbeeren, die unsere Freunde von der Baumguerilla da mal ausgesät haben, und die sich tatsächlich gut entwickelt haben. Hätten wir die Kiefer behalten, hätte ich noch über Blaubeeren nachgedacht.

Es dauerte eine Weile, aber dann stand unser Entschluss fest: Die Kiefer sollte weg. Wäre kein großer Verlust. Kaum drei Meter weiter, bei Bergmanns, stand noch eine Kiefer. Aber wie sollte das gehen? Die Kiefer hat ja auch Freunde. 2007 war sie sogar Baum des Jahres. Und bei uns ist sie als einheimische Art geschützt. Gegen alle forstwirtschaftliche Vernunft, wie ich doch eingangs hoffentlich deutlich gemacht habe. Wir brauchten fachlichen Rat und beauftragten einen Diplombiologen, Baumpfleger, Gärtner und leidenschaftlichen Kletterer mit der Expertise. »Kein Problem«, sagte Herr Schönfeld, der Diplomkletterer, »eine Österreichische Schwarzkiefer, die ist hier nicht heimisch, die können Sie fällen.«

Anders wird man die Österreichische Schwarzkiefer auch schwer los. Sie kann achthundert Jahre alt werden, gilt als vollkommen unempfindlich gegenüber Luftverschmutzung, Krankheitserregern und Temperaturschwankungen. Wegen ihrer bemerkenswerten Anspruchslosigkeit wird sie weltweit als Parkbaum geschätzt, nur eben nicht von uns. Schließlich durfte sie tatsächlich gefällt werden, zumal sie eh zu dicht an der Grundstücksgrenze stand und von unserem Nachbarn verdächtigt wurde, seine Gehwegplatten anzuheben. Unwahrscheinlich, Kiefern sind Tiefwurzler, aber egal, der leidenschaftliche Industriekletterer machte sich ans Werk. Behände wie ein Eichhörnchen kletterte der Mann in den Wipfel und trug den Baum gewissermaßen scheibchenweise von oben nach unten ab. Den Stumpf mit der Wurzel ließ er uns, der hätte extra gekostet. »Kein Problem«, sagte ich lächelnd und stellte einen Fuß auf den flach über dem Boden abgesägten Rest, »darum kümmere ich mich.« Die Aufgabe schien mir lösbar. Ich wusste zu dem Zeitpunkt noch gar nicht, *wie* tief eine Kiefer wurzelt. Auf jeden Fall wirkte der Stubben allein nicht mehr besonders imposant. Und abstürzen konnte man bei dieser Arbeit ja wohl kaum.

In der entstandenen Lücke hätte ich mich jetzt natürlich verwirklichen können. Mit einer Kastanie zum Beispiel. Oder eben doch einer Eiche. Meine Frau aber verfolgte eigene Pläne, und rasch, bevor ich auch nur auf die Idee kommen konnte, nach Kastanien Ausschau zu halten, machte sie Ernst. Durch die raffinierte Anlage zweier Hecken, die versetzt zueinander stehen sollten, würde sie einen verschlungenen Pfad schaffen. Den ersten Teil ihrer projektierten gärtnerischen Anlage, der am Ende, wenn mein Rasengeviert mal nicht mehr wäre, in einem verwunschenen immerblühenden Zaubergarten enden sollte, den sie in den nächsten zwanzig Jahren zu realisieren gedachte. Oder wenigstens so ähnlich. Ich ließ sie gewähren.

Allerdings stieß ihr Vorhaben rasch auf ein Hindernis. Jedenfalls hörte ich lautes Schimpfen aus dem rückwärtigen Teil unseres Gartens. Ich guckte aus dem Fenster, sah meine

Frau mit der Axt auf irgendetwas am Boden einprügeln und rechnete mit dem Schlimmsten. Ich ging hin.

Am Zaun stand inzwischen Siggi Möbius, unser Nachbar von rechts hinten, und signalisierte Anteilnahme. Siggi ist, wie gesagt, Freiberufler, das heißt, er ist den ganzen Tag zu Hause, ohne einer erkennbaren Beschäftigung nachzugehen. Muss er wahrscheinlich auch nicht, seine Frau verdient ganz gut. Siggi stand also am Zaun und bemerkte: »Oh, oh, das ist aber ein großer Baumstumpf, den werdet ihr wohl kaum rauskriegen.« Tatsächlich saß der Kiefernstumpf ziemlich fest an genau jener Stelle, an dem Teil eins des Wegs entstehen sollte, der den Garten irgendwann einmal in eine Art Labyrinth verwandeln würde. Meine Frau sagte, dass ich versprochen hätte, den Stumpf wegzumachen. »Schaffst du nie«, meinte Siggi und erzählte eine längere Geschichte von jemandem, den er mal gekannt hatte und der sich bei einer ähnlichen Arbeit einen schlimmen Bandscheibenvorfall zugezogen hatte.

Ich sagte gar nichts, sondern nahm meiner Frau die Axt ab, um sie einmal zur Probe mit aller Macht in den Stumpf zu schlagen. Was ich nicht hätte tun sollen, ich litt gerade unter eine Sehnenreizung im rechten Arm. Der Schmerz, den die Erschütterung in Händen und Armen auslöste, war ungeheuer. Es war auch nicht leicht, die Axt wieder aus dem Stumpf zu lösen. »Man muss das Ding irgendwie teilen«, behauptete ich, um nach drei weiteren Schlägen einräumen zu müssen, dass das ein vollkommen undurchführbares Unterfangen sei. Stattdessen schlug ich vor, die geplante Hecke einschließlich des gewundenen Pfades zu versetzen. Meine Frau fing still an zu weinen, und Siggi, der mir bis jetzt interessiert zugesehen hatte, sagte: »Ich geh dann mal.«

Ich widerstand meinem ersten Reflex, meinen Schwiegervater anzurufen. Das würde meine Frau schon irgendwann tun, wenn mir keine Lösung einfiele. Ich suchte stattdessen die Visitenkarte von Herrn Schönfeld, dem leidenschaftlichen Kletterer und Baumfäller, fand sie schließlich und schilderte ihm mein Problem. Herr Schönfeld zeigte große Anteilnahme, nannte mir seinen Stundensatz und sagte, dass er unmöglich voraussagen könne, wie lange es dauern würde, solch einen Stumpen aus dem Boden zu entfernen. Ich machte mir große Sorgen, im Internet hatte ich inzwischen gelesen, dass Österreichische Schwarzkiefern berühmt für ihre Standfestigkeit seien, weil sie mit ihren Pfahlwurzeln extrem tief in den Boden eindringen könnten. Ob er vielleicht so ungefähr … »Unmöglich«, antwortete er. Wir einigten uns darauf, dass er sich das ja unverbindlich einmal angucken könnte. »Schatz«, wandte ich mich an meine Frau, »alles im Griff, Problem schon so gut wie gelöst.«

Herr Schönfeld kam wie versprochen. Ein unglaublicher Auftritt. Er trug eine Art Latzhose zu freiem Oberkörper, derart muskulös hatte ich ihn gar nicht in Erinnerung gehabt, als er noch oben im Baumwipfel gehangen hatte. In der Hand hielt er eine Kettensäge. Natürlich bot ich ihm meine Hilfe an, vielleicht würde das ja die Kosten ein wenig senken, wenn wir gemeinsam … Herr Schönfeld bat mich, zurückzutreten und einen Sicherheitsabstand einzuhalten. Ziemlich schnell vergrößerte er die Grube, in der ich zuvor mühsam den Stumpf ein wenig freigelegt hatte. Dann zerlegte er das Wurzelwerk mit seiner Kettensäge. Die ganze Aktion dauerte wenig länger als eine Stunde. Seitdem habe ich Herrn Schönfeld auch nicht wieder gesehen. Nun gut, wir haben auch keinen Baum mehr, bei dem wir seiner Dienste bedurft hätten. Aber ich weiß nicht, ob ich ihn so oft um mich haben möchte. Herr Schönfeld macht mir irgendwie ein wenig Angst. Meine Frau war selig. »Siehst du«, habe ich gesagt, »meine Rede: Wir kriegen das in den Griff.«

Nach dem Kettensägenmassaker hatten wir nur noch einen wirklichen Baum in unserem Garten: Eine Birke. Sie stand recht malerisch hinten links, ihr Wipfel hing wie ein Schirm über dem Gartenschuppen. Seit die Kiefer gefallen war, hatte ich ein ganz besonderes Verhältnis zu unserer Birke. Manchmal kommt es mir vor, als hätte ich sie selbst gepflanzt. Man könnte sagen, ich habe sie adoptiert.

Birken sind großartige Bäume. Ich habe sie schon in den Dachrinnen verlassener Ruinen siedeln sehen und zwischen den Wackersteinen toter Gleise. Birken sind Pioniere – wie Kiefern übrigens auch. Nach Waldbränden oder in Gegenden, aus denen sich der Mensch aus irgendwelchen Gründen zurückgezogen hat, zum Beispiel in den von den Russen vor zwanzig Jahren geräumten und aufgegebenen Kasernengeländen Ostdeutschlands, sind sie die Ersten, die die Nische nutzen. Oder noch früher, nach der letzten Eiszeit, als der Druck der Gletscher nachließ, die das Gestein zu Geröllhalden zermahlen hatten, gehörten Birken zu den Ersten, die sich auf dem nackten Schotter halten konnten. Ihre Blätter waren es, die die Hohlräume füllten und erst den Humus bildeten, aus dem weiteres Leben erwachsen konnte. Die anderen Bäume können erst in ihrem Schatten gedeihen, bis sie die Birke schließlich überflügeln. Ganz schön gemein.

Birken haben etwas Lichtes, mit ihren weiß gefleckten Stämmen. Und ihr Maiengrün ist besonders zart. Meine Birke war übrigens eine Youngii, eine kleine Trauerbirke mit hängenden Zweigen. Glaube ich wenigstens. Unsere Nachbarn behaupten, sie sei seinerzeit verkehrt herum gepflanzt worden, um diesen Effekt zu erzielen. Leider sah unsere Birke irgendwann noch ein bisschen melancholischer aus als sonst. Im Herbst hatte sie sehr früh schon alle Blätter verloren. Ich holte bei einem Experten Rat ein, bei Thorsten Laute vom Berliner Botanischen Garten, und fragte ihn, ob es so etwas wie schlechte Birkenjahre gibt. Das könne schon sein, bestätigte er mir, ein feuchter und kühler Mai, darauf ein heißer und trockener Juni, dann wieder ein feuchter und kühler Sommer, so etwas könne einer Birke schon zusetzen. Könnte aber auch etwas Ernsteres sein, ein Hallimasch zum Beispiel, auch als Kambium-Killer verschrien. Kambium, das ist die dünne Wachstumsschicht unter der Baumrinde. Der Hallimasch ist ein Pilz, und es gibt Hallimasch-Arten, die sind auf Birken spezialisiert.

»Und was macht man dagegen?«, fragte ich ihn.

Seine Antwort war niederschmetternd: »Den Baum roden und den Boden austauschen.« Beim Hallimasch gebe es eigentlich nur einen Trost: Dass man diesen Pilz auch essen kann.

Ich mag Pilze. Pfifferlinge mit Rührei und Speck finde ich großartig. Ich mag sie nur nicht bei uns im Garten. Und der Zufall wollte es, dass ungefähr zur gleichen Zeit, als mir Thorsten Laute vom Hallimasch erzählte, ich neben dem Schuppen und nicht weit von der Birke eine ganze Pilzkolonie entdeckt hatte. Normalerweise hätte ich sie sofort mit Stumpf und Stiel vernichtet, wenn ich nicht von Zeit zu Zeit dieser archaischen Vorstellung erliegen würde, dieser Garten könnte uns irgendwann ernähren. Ich beschloss, die Dinger stehen zu lassen, um sie beim nächstmöglichen Termin bei der Pilzberatungsstelle vorzuführen. Denn so sehr ich Pilze mag, sie machen mir Angst. Meine Mutter pflegte früher im Wald Pilze zu sammeln, um sie uns abends zu Hause zuzubereiten. Eines Tages erfuhr ich im Biologieunterricht vom Grünen Knollenblätterpilz. »Und der kann wirklich Kinder töten?«, fragte ich unseren Lehrer. »Der kann ganze Familien ausrotten«, antwortete er. Der Grüne Knollenblätterpilz tut das übrigens auf ziemlich heimtückische Weise. Erst wird einem sehr schlecht, dann klingen die Beschwerden wieder ab und der Betroffene denkt, er habe vielleicht das Schlimmste überstanden. Stimmt aber nicht. Zu diesem Zeitpunkt ist der Patient schon todgeweiht, nur eine Lebertransplantation könnte ihn noch retten. Denn nach ein paar weiteren Tagen versagt das Organ.

Ich hatte jedenfalls damals meine Mutter gefragt, woher sie denn so sicher sei, was für Pilze sie da im Korb habe. »Ach«, hatte meine Mutter geantwortet, »das sind Erfahrungswerte, und bisher ist uns doch auch nie etwas passiert.« Das hätte ich vielleicht gelten lassen. Aber mit acht war ich mal Augenzeuge geworden, wie meine Mutter ihr Bügeleisen reparierte. Und als sie den Stecker wieder anschloss, kriegte sie dermaßen einen gefunkt, dass sie in eine Art Schockstarre verfiel und sich erst wieder rühren konnte, als zu unser aller Glück die Sicherung rausflog. Seit dieser Episode war mein Vertrauen in die allumfassende Kompetenz meiner Mutter erschüttert. Jedenfalls ziehe ich gekaufte Pilze selbst gesammelten in aller Regel vor. Und wenn ich von dieser Linie nun abweichen sollte, dann nicht ohne Expertenrat.

Leider hatte ich es versäumt, meine Frau in meine Überlegungen einzuweihen. Jedenfalls riss sie fast alle Pilze aus, weil sie fürchtete, der Hund könne davon essen. Nur ein kümmerliches und überdies lädiertes Exemplar war noch übrig. Mit dem begab ich mich interessehalber zur Pilzberatungsstelle im Botanischen Garten. »Das dürfte ein grünblättriger Schwefelkopf sein«, sagte der Pilzberater über meinen Fund. »Essen können Sie den nicht. Aber es gibt Experten, die sagen ihm nach, er würde das Wachstum des Hallimaschs eindämmen.« Ich war ziemlich deprimiert. Weil es sich um das letzte Exemplar des grünblättrigen Schwefelkopfes handelte. Er tauchte auch nie wieder in unserem Garten auf. Wer weiß, vielleicht wäre er die Rettung gewesen.

Unserer Birke ging es jedenfalls zunehmend schlechter. Nun, es muss nicht der Hallimasch gewesen sein. Vielleicht hatte sie einfach nur Stress. Wir haben ziemlich dicht neben ihr eine Hütte gebaut, direkt vor ihr einen kleinen Vorplatz gepflastert. Von links bedrängte sie Nachbars Erle, deren Wurzeln ziemlich viel Wasser zogen. Und direkt jenseits der Grundstücksgrenze stand zudem eine Eibe, die unsere Birke überflügelte und in den Schatten stellte. Vielleicht ist ihr das alles zu eng geworden. Kann auch sein, dass ich ihr den Garaus machte, als ich einmal direkt unter dem Rasen eine ziemlich dicke Wurzel fand, die ich nicht zuordnen konnte. Ich riss sie einfach raus, weil ich dachte, die gehört irgendwo anders hin. Dicht unter dem Rasen! Birken sind, anders als unsere Schwarzkiefer oder die Erle nebenan, Flachwurzler.

Im Frühjahr starb Frau Ganske, die Frau mit dem Besen, die sich immer so furchtbar über unsere Birke aufgeregt hatte, weil sie so schrecklich gegen Birkenpollen allergisch war. Sie lag mir immer mit dem Wunsch in den Ohren, wir mögen doch die Birke einfach fällen.

Kurz nach Frau Ganske starb auch unsere Birke, was ich irgendwie eigenartig fand. Als ob Frau Ganske die Birke verflucht hätte.

Wenn unser Garten nicht zu einer baumlosen Steppe werden sollte, musste irgendetwas geschehen. Ich begann, wieder über einen Pflaumenbaum nachzudenken.

4
Ein langwieriges Projekt: der Rasen und seine Pflege

Mein jüngerer Bruder Basti ist ein Nachzügler. Er wurde nicht in einem Garten groß wie ich, sondern in einer Stadtwohnung. Vielleicht hat er sich deshalb eine pragmatische Sicht der Dinge angewöhnt. Soll heißen, wenn es nach Basti geht, wird Natur ganz schön überbewertet. So habe ich ihn jedenfalls verstanden. Der Ältere dagegen, Michi, kommt vom anderen Extrem.

Wir waren noch nicht lange in unserem neuen Domizil, stolz luden wir also die Familie zur Kaffeetafel – so wie es meine Schwiegereltern immer in ihrer Laube machten. Nachdem alle unseren Besitz angemessen bewundert hatten, ging es um die Details. Michi fand alles ein bisschen »lütt«, wie er sagte. Weil er so gut wie jeden Urlaub auf der Nordseeinsel Amrum verbrachte, hatte er sich ein wenig von diesem norddeutschen Slang angewöhnt. Michi und seine Frau Carola hatten ein größeres Grundstück am Stadtrand geerbt. Das heißt, aus meiner Sicht lag es eigentlich schon jenseits des Stadtrandes. Was mein Bruder vehement bestritt. »Das ist doch total zentral«, pflegte er dann immer zu sagen, »ich brauche von dort höchstens eine halbe Stunde bis ins Zentrum.« Nachts um vier vielleicht, wenn da draußen die Ampeln abgeschaltet sind und kein anderer mehr auf der Straße ist. Aber das sagte ich ihm besser nicht.

Sein viel größeres Problem war sowieso nicht die Entfernung, sondern die Lage in einem Landschaftsschutzgebiet. Ungefähr die Hälfte seines Anwesens lag sogar in einem Feuchtgebiet, und auch auf dem Rest durfte er nichts bauen. Sein Schwiegeropa hatte es mal versucht. Als er dann den Keller fertig hatte, stoppte ihn das Bauamt. Schwiegeropa setzte trotzig, wie er war, noch ein Dach auf den Keller, und so blieb es dann. Weshalb das Gebäude ein wenig merkwürdig aussah, eben wie ein Keller mit Dach drüber.

Dafür war sein Grundstück aber auch derart groß, dass man sich darauf verlaufen konnte. Alfred, der Lebensgefährte unserer Mutter und ein leidenschaftlicher Wanderer, hatte das schon mal geschafft. Irgendwann am Nachmittag brach er auf, und zum Abendessen war er immer noch nicht wieder da. Wir waren wirklich besorgt, weil es sich beim rückwärtigen Teil des Grundstücks, wie gesagt, um ein Feuchtgebiet handelte, das zudem an einen Bach grenzte. Niemand wusste genau, ob man darin womöglich versinken konnte. Außerdem gab es dort, was man von einem Landschaftsschutzgebiet erwarten darf, allerhand »Viecher«, wie unsere Mutter ein wenig besorgt zu bedenken gab. »Kreuzottern?«, fragte ich in aller Unschuld, »würde mich nicht überraschen, hier irgendwo im Nirgendwo.« Michi fing wieder davon an, dass er gestern nur fünfundzwanzig Minuten in die Stadt benötigt hatte, »höchstens«, aber unsere Mutter unterbrach ihn und bat uns, ob wir nicht mal nach Alfred sehen könnten. Wir fanden ihn dann in den Büschen am Ufer des kleinen Baches hocken, unter seinen Sohlen quietschte das feuchte Moos, und er ahmte gerade ein Käuzchen nach. Alfred war nicht nur leidenschaftlicher Wanderer und passionierter Hobbygärtner, sondern auch ein echter Naturfreund. Er war ganz begeistert von dem Grundstück meines Bruders. Und das betraf nicht nur den hinteren, feuchten Teil, sondern auch den vorderen, wo Michi und Carola ungefähr ein Dutzend Obstbäume stehen hatten, neben einer Wiese, auf der eine ganze Schulklasse Platz genug gehabt hätte, um Fußball spielen zu können, ohne Gefahr zu laufen, in den benachbarten Badeteich zu stürzen. Denn der war immer noch ein gutes Stück entfernt.

Insgeheim bewunderte ich dieses Grundstück schon ein bisschen. Meine Kinder liebten es sogar, was mich wiederum manchmal ärgerte. Machte wahrscheinlich auch sehr viel Arbeit, was ich damals allerdings noch nicht wusste beziehungsweise nicht richtig einschätzen konnte.

Jetzt standen wir also auf unserem Grund, wir hatten uns von der Kaffeetafel erhoben und gingen über den lädierten Rasen. »Da muss ich mich natürlich als Erstes drum kümmern«, verkündete ich so fachmännisch wie möglich. »Hm«, sagte Michi, »meinst du, das lohnt sich? Ich wüsste gar nicht, wo ich hier den Mäher wenden sollte.« Er besaß einen von diesen großen Aufsitzmähern, mit dem er schon mal vor unserer aller Augen um seine Apfelbäume gekurvt war. Was ich ziemlich überflüssig fand. Immerhin war es ein Sonntag gewesen, aber mein Bruder hatte nur bemerkt: »Wer soll das hier hören?«

»Zwanzig Minuten«, sagte ich, »so lange habe ich gestern ins Büro gebraucht. Mit dem Fahrrad.« Stimmte zwar nicht, aber seine halbe Stunde nahm ich ihm auch nicht ab.

»Warum willst du denn Rasen?«, fragte hingegen Alfred.

»Weil ich für eine Streuobstwiese keinen Platz habe«, gab ich schon ein wenig genervt zurück. Das war der Moment, in dem sich Basti einmischte: »Kunstrasen drüber und Ende der Debatte«, sagte er, »hast du nie wieder Ärger mit und kannst dich anderen Dingen widmen.« Ich dachte erst, er macht einen Scherz, aber Basti ließ nicht locker und setzte noch einen drauf: »Oder wolltest du einen Golfplatz anlegen? Das reicht doch hier allenfalls für Minigolf. Glaub mir, Kunstrasen ist immer grün, alles andere wird schwierig.« Erst später erfuhr ich, dass Basti auf dem Grünstreifen seiner Terrasse, er wohnte in einer Parterrewohnung mit Gartenanteil, tatsächlich Kunstrasen ausgerollt hatte. »Hochwertiges Zeug«, wie er noch stolz hinzufügte.

Tatsächlich war unser Rasen in einem bedauernswerten Zustand. Dort, wo ich in einem spontanen Anfall, ihm etwas Gutes zukommen lassen zu wollen, ein wenig Rasendünger verstreut hatte, zeigten sich unschöne braune Flecken. Das Gras war regelrecht verbrannt. Typischer Fall von zu viel des Guten, Rasendünger verstreut man besser nicht freihändig, schon gar nicht, wenn man sich nicht sicher ist, wo man schon gestreut hat. Auf der schattigen Seite war er durch Moos nahezu verdrängt worden. Moos steht bei Rasenfreunden auf der Hassliste ganz oben. Sie verfolgen ihn mit Kalk, versuchen ihn auszustechen oder mit der chemischen Keule zu vertreiben. Nur Japaner mögen Moos, schätzen sogar kleine Mooskissen im Garten.

Moos ist ja eine der ältesten Pflanzen überhaupt und dabei bemerkenswert zäh. Selbst in der Antarktis hat man schon Moos gefunden, das im Einzelfall einige Tausend Jahre auf dem Buckel hatte. Moos hat keine Wurzeln, sondern klammert sich mit seinen Zellfäden auf dem Untergrund fest. Wasser nimmt es aus der Luft auf oder durch Niederschläge. Moos ist ein Pionier, wenn es um die Besiedelung extremer Lebensräume geht. Es siedelt auf Hausdächern, Baustellen, wo immer eben Platz ist. Es hat also durchaus ein wenig Respekt verdient, und so schlecht sah es ja auch nicht aus.

Dann kam der Tag, an dem ich mich mit meinem alten Freund Jan zum Spazierengehen traf. Wir waren zusammen zur Schule gegangen, hatten uns länger nicht gesehen. Er hatte inzwischen gebaut, besaß jetzt auch einen kleinen Garten. Im Unterschied zu uns war aber alles neu, auch der Garten. Jedenfalls kamen wir auf unserem Weg an einem Grundstück vorbei, das nahezu vollständig von einer sattgrünen, unfassbar gleichmäßigen Rasenfläche bedeckt war. Es sah aus wie ein Teppich. »Du liebe Zeit!«, kommentierte ich, »guck dir den an, da geht doch bestimmt einer mit der Nagelschere drüber.« Jan sagte nichts. Später saßen wir auf seiner Terrasse, und was soll ich sagen, sein Rasen sah ebenfalls aus wie ein Teppich.

Nicht, dass mir meine Frau direkt Vorwürfe machte, war gar nicht nötig. Ich wusste auch so, was sie dachte. Schließlich hatte ich ihr oft genug erzählt, wie ich als Kind unseren Riesengarten mit dem Spindelmäher gepflegt hatte. Und dass ich mich natürlich um unseren Rasen kümmern würde. Weil so ein Rasen doch irgendwie Männersache sei. Rosen waren ja noch nie mein Ding, aber Rasen, das ist doch eine Art symbolischer Acker. Von wegen eigene Scholle und so. Und dann gibt es ja da noch die Affinität zum Fußball. Ich bin Fan. »Rasen«, hatte ich jedenfalls getönt, »das ist was für mich.« Und nun? Nun meinte Frau Runge: »Also Herr Nachbar, Ihr Rasen, der ist aber auch nicht schön.«

Was habe ich danach vertikutiert. Natürlich von Hand. Die Scholle muss man von Hand aufbrechen. War eine ungeheure Arbeit. Ich kam mir vor wie einer dieser Ochsen, die man früher vor den Pflug spannte. Ich glaube, wenn der Garten größer gewesen wäre, ich hätte geweint. Das Dumme ist nur, mit einem Mal Vertikutieren ist es nicht getan. Man muss das jedes Jahr machen, am besten zwei Mal. Das

ist unheimlich wichtig, weil man nur so das Moos raus-
kriegt, von dem wir nun einmal reichlich hatten. Außerdem
braucht der Rasen Luft, und deshalb ritzt man mit rotieren-
den Klingen den Boden auf. Dann wird nachgesät und ge-
düngt und gewässert, und irgendwann wird wieder vertikutiert, und wochenlang darf keiner darüberlaufen. Ich steckte
kleine Stöcke in den Boden und befestigte Flatterband daran, eine rot-weiße Absperrung, die signalisierte: Betreten
verboten. »Spießer«, zischte meine Tochter, ich glaube, die
Kinder verachteten mich für meine Rasenpflege. Jedenfalls
waren sie verärgert.

Es war aber nicht so, dass ich keine Erfolge erzielte. Zeitweise fand ich unseren Rasen sogar ganz passabel. Weshalb
ich die Sache schließlich ein wenig schleifen ließ, weil ich
meinte, es müsste doch ausreichen, wenn ich nur noch alle
zwei oder drei Jahre vertikutierte. Ein Fehler. So ein Rasen
ist ein ziemlich langwieriges Projekt, und inzwischen weiß
ich auch, dass es ein Irrglaube ist anzunehmen, der mache
anders als Büsche oder Bäume keine Arbeit mehr, wenn er
ein stabiles Stadium erreicht hätte. In der Natur bleibt nämlich nichts, wie es ist. Irgendwann hatte ich jedenfalls immer
noch eine Grünfläche hinter dem Haus, aber die bestand
keineswegs aus Gras, sondern im Wesentlichen aus anderen Kräutern. Ich entschloss mich, da mal wieder richtig
Grund reinzubringen. Nach Jahren der Vernachlässigung
gab ich mir also beim Vertikutieren besondere Mühe. Leider hatte ich danach nicht nur Blasen an den Händen, es
war nun auch überhaupt kein Rasen mehr da, weil ich das
Restgrün aus dem Boden gepflügt hatte. Ich säte also nach.
Kaum war die Saat ausgebracht, öffnete sich der Himmel
zu einem gewaltigen Wolkenbruch. »Das ist gut«, sagte ich
ein wenig voreilig zu meiner Frau, »für frisch gesäten Rasen

gibt es doch nichts Besseres, als wenn der eingeschlämmt wird.« Tatsächlich war unser Garten ein wenig abschüssig, und meine gesamte Saat lag dann als Schlammlawine am unteren Ende des Grundstücks. Sie war einfach ausgewaschen worden, mit der Gartenerde, die ich außerdem großzügig verstreut hatte. Ich verteilte diesen von Saat getränkten Schlamm anschließend wieder auf dem Grundstück, aber in diesem Jahr blieb der Rasen vergleichsweise schütter, war auch nicht besonders belastbar.

Vielleicht war das auch gut so, vielleicht hatte ich nämlich das falsche Saatgut ausgewählt. Oder der Garten war ganz einfach überstrapaziert worden. Im Juni brach nämlich die Fußballweltmeisterschaft aus, mit allem, was dazugehörte: Ein kleines Turnier für die Kinder und Bierbänke für die Erwachsenen. Weit über zwanzig Zuschauer sprangen bei unserem privaten Public Viewing auf dem Rasen herum, danach hatte er mehr als nur braune Flecken. Unglücklich betrachtete ich die Schwielen an meinen Händen, die mir von der Plackerei geblieben waren. »Nun hab dich mal nicht so«, sagte mein Freund Christoph, einer jener Zuschauer, die zuvor auf dem Rasen herumgesprungen waren, »bist du denn sicher, dass das überhaupt die richtige Sorte ist?« Er erzählte mir dann von der schwierigen Arbeit, die die Greenkeeper während der WM in Südafrika zu leisten hatten. Weil nämlich südafrikanische Fußballplätze mit Kikuyu-Gras bepflanzt würden. Es gibt ja weltweit über achttausend Sorten Gras, da ist für jeden was dabei, für die Tundra ebenso wie für die Almwiese oder die amerikanische Prärie. Kikuyu stammt aus Ostafrika und ist breitblättriger als europäisches Gras. Außerdem hält es im Winter eine Art Winterschlaf und färbt sich dann normalerweise braun. Was natürlich ungünstig war für die Fußballweltmeisterschaft, weil im

Juni in Südafrika Winter war. Die Greenkeeper müssen ganz schön zu tun gehabt haben, und ich möchte nicht wissen, wie der Rasen in den Stadien hinterher aussah.

Dass unser Gras sich auch braun färbte, lag auf jeden Fall nicht daran, dass es zu kalt war. Im Gegenteil, der Sommer lief zu großer Form auf, und ich hätte zweimal am Tag sprengen müssen. Vielleicht wäre es besser gewesen, ich hätte Kikuyu gesät, das scheint ja ein Gras zu sein, das im Sommer sehr gut zurechtkommt. Und im Winter wären mir ein paar braune Flecken egal gewesen, vor allem wenn Schnee daraufliegt.

Leider wusste ich gar nicht so genau, was für eine Sorte bei uns wuchs. Ich hatte einfach die Saat genommen, die ich mal im Keller gefunden hatte. Womöglich stammte sie noch von unserer Vorbesitzerin, und es handelte sich um ganz billiges Zeug. »Tiergarten« zum Beispiel. »Berliner Tiergarten« stand mal für Qualität. Als Berlins großer Gartengestalter Peter Joesph Lenné Mitte des 19. Jahrhunderts den Auftrag bekam, das einstige Jagdrevier vor dem Brandenburger Tor zu einem Landschaftspark umzugestalten, musste Lenné große Grünflächen anlegen. Üblicherweise tat man das damals nach der Rasensodenmethode, heute auch als Rollrasen bekannt. Aber bei den Riesenflächen, die Lenné vorschwebten, fiel Rollrasen aus. Also ließ er für seine Wiesen Heubodenspreu ausbringen, was nichts anderes ist als ausgefegter Heuboden. Eine Rasensaatgutproduktion gab es damals noch nicht.

Niemand glaubte, dass das klappen würde, aber Lenné bekam tatsächlich eine schöne bunte Wiese. Und seine Methode erfreute sich bald einiger Beliebtheit. Leider ist »Berliner Tiergarten« heute kein Markenname, deshalb kann da jeder reinmischen, was er will, billige Futtergräser zum Beispiel. Das ist insofern ärgerlich, als die meisten bei »Berliner Tiergarten« wahrscheinlich an eine besonders robuste Rasenmischung denken, schließlich muss der Tiergarten ja ziemlich viel aushalten.

Wichtige Grundlage für einen europäischen Rasen sind Weidelgras und Wiesenrispe, weil die dicht über dem Boden so viele Seitentriebe bilden. Die Engländer kultivieren das Weidelgras schon seit über dreihundert Jahren. Bei meinem Rasen dagegen konnte nach anfänglichem Aktionismus in den ersten Jahren von Kultivieren inzwischen keine Rede mehr sein. Von Anfang an hatten wir sowieso immer mehr den Typ Wiese mit hohem Kleeanteil, bemerkenswert vielen Gänseblümchen und Löwenzahn besessen. Der Löwenzahn sieht als leuchtend gelbe Butterblume eigentlich ganz hübsch aus. Aber wenn er sich im Rasen flächendeckend verbreitet, dann ist ihm auch nur noch mit hohem Aufwand beizukommen. Dabei genoss das Kraut, das von Gärtnern als Unkraut verfolgt wird, früher offenbar größere Wertschätzung. Es zierte jedenfalls die Rückseite des 500-DM-Scheins, falls sich jemand erinnert. Und es gab und gibt meines Wissens keinen einzigen Geldschein, den man je dem Grashalm gewidmet hätte. Nicht einmal in England.

Das mit dem Rasen blieb jedenfalls schwierig. Vor allem hinten links, wo wir unsere Fahrräder abstellten und unser Gartengerät in einem Verschlag lagerten. Dort lief dauernd einer von uns rüber, außerdem warf Nachbars Erle praktisch immer einen Schatten. Aber inzwischen wohnten wir hier ja schon einige Jahre. Ich hielt mich für gereift, längst dem Anfängerstadium entwachsen, im Frühjahr beschloss ich, diese kritische Zone dauerhaft zu begrünen. Und zwar persönlich. Hornveilchen, Stiefmütterchen, das ist doch alles bunter Kinderkram für neunundfünfzig Cent das Stück, das hält eine Saison, und dann pflanzt man was Neues. Aber Rasen, ich meine, wenn man sich schon die Mühe macht, ist fast wie Bäume pflanzen. Aufwendiger eigentlich. Aber der herrliche Geruch frisch gemähten Grases entschädigt für vieles. Nur Obacht beim lässigen Drauflegen, womöglich mit einem Halm zwischen den Zähnen, insbesondere wenn man von der Arbeit ins Schwitzen gekommen ist, das kann dann unangenehm jucken.

Doch so weit waren wir noch nicht, jetzt war Frühjahr, Anfang April, und es galt die Grundlagen für eine wunderbare Rasensaison zu legen.

Ich ging in den Baumarkt, dort gab es eine sehr große Gartenabteilung.

»Ich brauche einen Rasen, der auch im Schatten wächst«, sagte ich, nachdem ich endlich einen Verkäufer aufgetrieben hatte.

»Haben Sie schon den Schneeschimmel beseitigt?«, fragte der Mann.

Schneeschimmel? Was sollte das denn sein?

Aber der Mann ließ mich gar keinen klaren Gedanken fassen und setzte sofort nach. »Danach kalken, vertikutieren, düngen, dann, und zwar erst dann, können Sie über Rasensaat nachdenken.«

Ich war verunsichert, kaufte erst einmal einen Streuwagen, mit dem man sowohl das Saatgut als auch den Dünger perfekt würde dosieren können. Außerdem besorgte ich mir einen neuen Rasenmäher, bei dem sich die Halmlänge besser einstellen ließ als bei unserem alten Ding, und einen elektrischen Vertikutierer, von dem ich mir eine erhebliche Erleichterung meiner Arbeit versprach. Man wird ja nicht jünger. Allerdings enttäuschte mich das Ding dann schwer, weil es den Boden nur ein kleines bisschen aufritzte, gar kein Vergleich mit den Furchen, die ich per Hand angerichtet hatte. Kurz blieb ich bei den neuartigen Rasenrobotern stehen. In einem Prospekt versprach der Hersteller, dieser Rasenroboter würde nahezu selbstständig arbeiten, wenn man ihm erst einmal ein paar Orientierungshilfen installiert hätte. Man könnte dann auf der Terrasse sitzen bleiben und dem Roboter bei der Arbeit zugucken. Ein verlockender Gedanke, aber das musste erst einmal warten.

Das Gespräch mit dem Verkäufer hatte mich nachhaltig verstört. Immerhin handelte es sich ja genau genommen um einen Baumarkt mit Gartenabteilung. Ich war mir nicht sicher, wie viel die Leute dort tatsächlich von einem gepflegten Rasen verstanden. Ich brauchte einen wirklichen Profi. Und wo würde ich den besten fachmännischen Rat finden? Ich entschied mich für die Deutsche Rasengesellschaft, ein Verein, dessen Daseinszweck die Erforschung des perfekten Grüns ist. Ich rief also in Bonn an, wo die Gesellschaft ihren Sitz hat, und hatte das ungeheure Glück, Harald Nonn an den Apparat zu bekommen, promoviertes Mitglied im Vorstand der Gesellschaft. »Kalken«, sagte Nonn, »ist einer der größten Irrtümer der Rasenpflege.« Kalk sollte man überhaupt nur geben, wenn man ganz sicher ist, dass der Boden zu sauer ist. Und das ist hier zu Lande eher selten. Um ehrlich zu sein, war ich mir auch nicht sicher, ob mein Boden sauer ist. Ich hätte mir dazu einen Teststreifen in der Apotheke besorgen können. Oder die Hortensien beobachten. Im Prinzip ist es so, dass die Hortensien auf einem sauren Boden rot blühen, ist er basisch, werden sich die Blüten blau zeigen, und ist er neutral, dann gehen sie ins Violette. »Was Sie jetzt geben müssen, ist Stickstoff«, sagte Nonn weiter, »jetzt ist Düngezeit.« Jedenfalls da, wo noch Rasen ist. Von meiner Problemzone erzählte ich ihm erst einmal nichts. Stattdessen wollte ich von ihm wissen, wann denn die von mir so gefürchtete Arbeit des Vertikutierens anstünde? »In drei bis vier Wochen, auf keinen Fall, bevor der Rasen nicht zwei Mal geschnitten wurde, sonst macht man zu viel kaputt.« Der gerupfte Rasen würde sich noch nicht erholen, in den Löchern könnte sich leicht Moos einnisten.

Das gab mir Zeit, die richtige Rasensaat auszusuchen. Auch nicht einfach. Im Prinzip gibt es nur eine Grassorte, die im Schatten gedeiht: Die Lägerrispe oder Poa supina, wie der Fachmann sagt. Ein ausgesprochen aggressives Kraut, weshalb eine Beimischung von 5 Prozent vollkommen ausreiche, meinte der Experte. Die aber sei unverzichtbar, damit es auch im Schatten grünt. Poa supina hat nur einen Nachteil, sie ist vergleichsweise teuer. Weshalb man in vielen Grasmischungen jede Menge Weidelgras (Lolium perenne), Wiesenrispe (Poa pratensis) und Rotschwingel (Festuca rubra) findet, aber eben leider keine Poa supina. Und das wird dann auf Dauer nichts, jedenfalls nicht im Schatten.

Zuallererst müsste ich meinen Boden auf die kommenden Aufgaben vorbereiten, riet Nonn und ließ mir ein paar Informationen zukommen, die man auch auf der Homepage der Rasengesellschaft findet. Falls nämlich der Boden zu sehr verdichtet ist, was ja vor unserem Schuppen der Fall war, weil da immer alle rumtrampelten, muss der erst einmal aufgelockert werden. In zu schwere Böden sollte man ein wenig Sand einbringen, um ihn durchlässiger zu machen. Ist er zu sandig, sollte »Grünkompost« untergemischt werden, allerdings darf man dafür keinen Mulch oder andere Rindenprodukte verwenden. Und damit das eigentliche Saatbett für den Rasensamen krümelig genug ist, muss die oberste Schicht von Steinen und Wurzelwerk befreit werden.

Mir fiel Bastis Kunstrasen wieder ein, aber nur kurz, denn meine Frau meldete sich zu Wort. »Was meinst du, wollen wir das Stück dort hinten nicht schön pflastern?« Nein, dachte ich, diese Blöße wollte ich mir nicht geben. Wenigstens noch nicht. Ich studierte die Empfehlungen der Rasengesellschaft. »Die beste Jahreszeit für die Anlage eines Rasens ist der Herbst«, stand da. »Der Boden hat die Wärme des Sommers gespeichert, und die Niederschläge im Herbst erleichtern das Feuchthalten des Keimbettes.« Ich las weiter, dass man nach dem Aussäen den Boden mit einem Rechen abziehen sollte. Außerdem müsse man gut wässern, und erst wenn das Gras acht bis zehn Zentimeter erreicht hat, das erste Mal schneiden, auf nicht kürzer als fünf Zentimeter. Ach ja, und bei der Aussaat mit viel Phosphor düngen.

Ich dachte nach. Herbst? Jetzt war erst Frühjahr. Vielleicht war das mit dem Pflastern doch kein so schlechter Gedanke?

5
Blühende
Landschaften

Da lag irgendetwas Matschiges auf den Dielen im Wohnzimmer.

»Ist das von dir?«, hörte ich die Stimme meiner Frau.

»Nö«, sagte ich reflexartig, »wieso sollte das von mir sein?« Als Zeichen des guten Willens hob ich dann trotzdem meinen Fuß. Tatsächlich, da klebte eine schleimige Masse unter der Sohle. Eine Nacktschnecke? Ich hasse Nacktschnecken. Aber es war etwas anderes, roch süßlich. »Sieht aus wie eine Art Pflaume.«

Genau genommen handelte es sich um eine Mirabelle. Bergmanns Mirabellenbaum bombardierte uns seit Tagen mit seinen Früchten. Herr Bergmann stritt allerdings ab, dass der Baum seiner sei. Unser Verhältnis war seit dem Ligusterheckenzwischenfall irgendwie belastet. Aber die Mirabelle stand zweifelsfrei auf seinem Grund, in einem schwer zugänglichen Dickicht am Ende seines Gartens. Von dort bewarf uns der Baum aus ungefähr sechs Metern mit seinen Früchten. Jedenfalls hingen sie in einer Höhe, an die ich nicht rankam. Unten faulten sie dann in unserer Wiese, wie ich den immer noch nicht richtig in Form gebrachten Rasen nannte, und verströmten einen widerwärtig süßlichen Geruch. Ich machte mir Sorgen, der Hund könnte davon fressen. Wahrscheinlich waren die vollreifen Mirabellen, wie sie da auf dem Rasen vor sich hin gärten, derart alkoholgesättigt, dass es ihn umhauen würde. Er war doch noch so jung. Umso ärgerlicher war, dass die Sauerei meine Pläne, es selbst noch einmal mit einem Pflaumenbaum zu versuchen, konterkarierte. So würde meine Frau nie zustimmen. Ich überlegte, ob ich meine neue elektrische Teleskopsäge zu ihrem ersten Einsatz bringen sollte. Die ließ sich auf bis zu vier Meter verlängern. Noch lieber hätte ich ja so eine benzinbetriebene Motorkettensäge gehabt wie Herr Schönfeld, unser Baumfäller. Das sah schon sehr imponierend aus, wie er die mit der Reißleine startete. Ich finde, es gibt kein anderes Gartengerät mit einer vergleichbaren Ausstrahlung. Nicht die Hacke und nicht der Unkrautstecher. Allein schon das Wort »Kettensäge« klingt irgendwie bedrohlich, aber auch wahnsinnig potent.

Meine Frau war jedoch dagegen. »Was brauchst du eine Kettensäge?« Nun, sie träumt ohnehin von einem ganz anderen Typ Garten, mit Blumen und so, da ist für eine Motorsäge natürlich kein Platz. Aber da unsere Birke nun einmal verstorben war und dringend gestutzt werden musste, konnte ich sie wenigstens zu dieser Teleskopsäge überreden, mit der ich die Arbeit quasi ohne Leiter erledigen würde. Was natürlich viel sicherer war. Zweihunderttausend Deutsche verunglücken jedes Jahr in ihrem Garten. Häufigste Unfallursache ist mangelnde Schutzkleidung und fehlende Routine, vor allem im Umgang mit elektrischem Schneidgerät, warnte vor zwei Jahren ein großer deutscher Versicherer. Das gilt vermutlich weiterhin. Logisch, eine Kettensäge ist nun einmal keine Nagelschere. Aber gleich nach dem Schneidgerät folgt der Sturz von der Leiter als Ursache Nummer zwei – allerdings liegt das leichtsinnige Bedienen des Rasenmähers gleichauf. Leute fassen in das noch rotierende Messer, um den feuchten Schnitt rauszuholen, oder sie mähen barfuß, solche Sachen eben. Schon ein bisschen abgeschlagen ist der fahrlässige Umgang mit Chemikalien. Erinnert sich noch jemand an E 605? Das Insektenbekämpfungsmittel war in den Fünfzigerjahren als Schwiegermuttergift bekannt, wurde durch die verurteilte Serienmörderin Christa Lehmann gerichtsnotorisch und schließlich verboten. Ein anderes großes Risiko ist übrigens der Gartengrill, der wird indessen in dieser Statistik nicht behandelt. Ich werde an anderer Stelle auf ihn zurückkommen.

Ich sagte nichts über Gift, spielte die Rolle von Schneidgeräten als Unfallursache bei Gartenunfällen herunter, hob dagegen die Leiter als Risikofaktor hervor und bekam meine Teleskopsäge. Aber meine Frau verbot mir, mich damit dem Mirabellenbaum der Bergmanns zu nähern. Weil das nur weiteren Ärger bringen würde. Meinen Einwand, dass ich das Arbeitsgerät unbemerkt durch die Hecke schieben könnte, ließ sie nicht gelten.

Beim Thema eigene Pflaumen aber konnte ich mich zunächst nicht durchsetzen. Denn meine Frau hatte ihren eigenen Plan. Sie träumte von einem Garten, in dem es immerzu blüht, ganz egal, welche Jahreszeit wir gerade haben. Sie verfolgte diesen Plan ziemlich konsequent und, wie ich zugeben muss, mit einigem strategischen Geschick. Sie fertigte sich sogar manchmal Skizzen an, was zu welcher Zeit wohin gehört. Und das musste sie auch, weil es ja nicht leicht ist, die Blüteperioden aufeinander abzustimmen.

Für unsereins fängt das Frühjahr an, wenn sich draußen die ersten Schneeglöckchen zeigen. Komischerweise springt meine Frau darauf gar nicht so sehr an. Wie oft habe ich schon gesagt: »Guck mal, die ersten Schneeglöckchen.« »Hm«, hat sie bloß gemurmelt. Und dann blättert sie weiter in ihren Gartenzeitschriften, und ich weiß, sie ist in der Planungsphase. Die Schneeglöckchen spielen da keine Rolle, die kommen sowieso. Was ich immer ein bisschen ungerecht finde. Weil, so ein kleines Schneeglöckchen ist doch ein Teufelskerl. Schafft sich selbst eine warme Stelle, sieben Grad sind immer drin, zehn Grad sind für ein Spitzenschneeglöckchen machbar. Biowärme nennt sich das Phänomen, damit schmilzt sich die kleine Pflanze selbst ein Loch in dünne Schneedecken. Der Trick verhilft dem Schneeglöckchen zu einem Alleinstellungsmerkmal: Derart früh im Jahr zeigt sich keine andere Pflanze. Aber wer als Erster auf sich aufmerksam macht, hat natürlich auch Feinde. Man stelle sich vor, da draußen sind am Ende des Winters jede Menge Tiere, die schon länger nichts Frisches mehr zu beißen hatten. Das Schneeglöckchen jedoch weiß sich zu wehren. Es ist nämlich giftig. Duffy würde Durchfall kriegen, wenn er vom Schneeglöckchen nascht, Nachbars Katze auch.

Oder die Krokusse. Sind erst nach den Schneeglöckchen dran, fallen aber für meine Frau in die gleiche Kategorie: kommen sowieso. Wir haben draußen, vor dem Weg zu unserem Grundstück, so einen breiten Grünstreifen. Früher sollte da mal die Straße verbreitert werden, ist zum Glück nie geschehen. Und weil sich seitdem niemand mehr richtig um diesen Grünstreifen kümmerte, ist er reichlich verwahrlost. Es gab nur eine alte Dame, deren Grundstück direkt an den Grünstreifen grenzt, die sich mit diesem Zustand nicht abfinden wollte und immer dagegen gewettert hat. »Müllstreifen«, hat sie das dürre Gras immer genannt. Nun war Frau Lorenz, so hieß die alte Dame, schnell mal verärgert. Unseren Hund zum Beispiel mochte sie auch nicht, und mit ihren Nachbarn lag sie im Dauerclinch wegen einer

Rotbuchenhecke, die sich monstermäßig entwickelt hatte, weil ihr niemand Grenzen setzte. Rotbuchen können vierzig Meter hoch werden, ihre Sorge, diese Hecke würde ihr irgendwann den Himmel verdunkeln, war so unberechtigt also nicht.

Frau Lorenz hatte früher einmal in einer Gärtnerei gearbeitet, weshalb ich glaube, dass sie sich auf sehr subtile Weise gegen die Verwahrlosung wehrte. Jedes Jahr zeigt sich nämlich am Ende des Winters das gleiche Bild, dann wogt vor ihrem Zaun ein lilafarbener See, kleine Krokusse, die vom Frühlingsbeginn künden. Und wenigstens dann, von Ende Februar bis Mitte März, bietet die Wiese einen schönen Anblick.

Ich bin sicher, dass dieser Krokus-See seinen Ursprung im Garten der alten Dame hatte, weil er sich über Jahre immer nur entlang ihrer Grundstücksgrenze zeigte. Inzwischen allerdings hat er einen anderthalb Meter breiten Weg überquert und sich wunderbarerweise auch auf der nächsten Wiese ausgebreitet. Wahrscheinlich haben Ameisen vom Typ Lasius niger dieses Kunststück vollbracht. Lasius niger oder auch schwarze Wegameise ist die etwas schwächlich wirkende Verwandte der Waldameise, sie leistet aber trotz ihrer geringeren Körpergröße Erstaunliches. In unserem sandigen Grund siedelt sie in rauen Mengen, untertunnelt die Gehwege, wirft dabei in den Ritzen kleine Hügel auf.

Lasius niger gilt als genügsam, am ölhaltigen Anhängsel der Samen des Krokus kann sie aber nicht vorbeigehen. Da steht sie total drauf. Sie schleppt also das Samenkorn in ihren Bau, frisst dort das Anhängsel ab und entsorgt anschließend den für sie uninteressanten Samen. Und geholt haben sich die kleinen Ameisen ihre Ladung im Garten von Frau Lorenz. Übrigens bedienen sich Schneeglöckchen des gleichen Tricks, weshalb sie wohl oft in der Nähe der Krokusse stehen. Krokusse sind ziemlich hart im Nehmen, ich habe sie schon im festgetretenen Boden zwischen den Pflastersteinen blühen sehen. Und wenn sie ihre Blüte geschlossen kriegen, überstehen sie auch noch ein bisschen Schnee, falls der Winter doch noch einmal zurückkommt.

Frau Lorenz ist inzwischen verstorben, aber der Krokus-See taucht trotzdem jedes Frühjahr zuverlässig wieder auf. Und wird dabei immer größer. Ein schönes Vermächtnis, das die alte Dame da hinterlassen hat. Leider muss ich gestehen, dass ich nicht viel dazu beigetragen habe. Im Gegenteil, ich ließ es zu, dass meine Frau in unserem eigenen Garten einen Vernichtungsfeldzug gegen Lasius niger führte. Ich habe mich lange dagegen gewehrt, stimmte aber schließlich doch zu, nachdem ich böse über die Stufe zum Wohnzimmer gestürzt war. »Siehst du«, hatte meine Frau gesagt, »die Ameisen sind schuld.« Tatsächlich ragte die Stufe ein kleines bisschen höher als sonst, weil darunter die Terrasse um ein bis zwei Zentimeter abgesackt war. Hatte ich nicht gleich bemerkt, aber den alten Abstand, den beherrschte ich blind. Der stimmte nur nicht mehr, deshalb bin ich hingefallen. Auch das war das Werk der schwarzen Wegameise. Ja, in diesem Moment habe ich sie verflucht.

Mein schlechtes Gewissen rührte natürlich daher, dass ich mich ja eigentlich für einen Naturfreund halte. Soll heißen, ich lass die Kräfte da draußen gern mal gewähren. Meine Frau will gestalten. Und sie hat einen sechsten Sinn dafür, wann der Frühling beginnt. Man muss sich das wahrscheinlich so ähnlich vorstellen wie bei der Singdrossel. Da gibt es Exemplare, die machen sich schon Ende Februar von den Mittelmeerküsten auf den Weg nach Deutschland. Oder der Kranich, das ist auch einer dieser Frühheimkehrer.

Bei meiner Frau fängt es manchmal schon Anfang Februar an. Schneeglöckchen oder Krokusse spielen für ihr Frühwarnsystem keine Rolle. Sowie sie jedoch dreimal hintereinander keinen Mantel braucht und in den Supermärkten die ersten bunten Samentütchen im Kassenbereich liegen, wird sie unruhig. Samentütchen sind für sie ungefähr das, was Überraschungseier für Sechsjährige bedeuten. Da kann sie nicht widerstehen. Und dann geht es los: Der Hund muss runter von der Fensterbank, weil da kein Platz mehr für ihn ist. Da kommen kleine Gewächshäuser hin. Die stehen im Vorfrühling überall im Haus, meine Frau legt kleine Torftabletten hinein, und da rein steckt sie den Inhalt der Samentütchen. Wenn sie die Keime direkt im Beet platzieren würde, würden die natürlich erfrieren. Es könnte aber auch sein, dass sie die demnächst wieder rausreißt, weil sie sie für Unkraut hält. Eine keimende Sonnenblume ist ja im Frühstadium von einem Löwenzahn kaum zu unterscheiden. Ich finde sowieso, dass unsere Beete viel zu voll sind. Aber das würde meine Frau nie davon abhalten, unsere Wohnung im Frühjahr in eine Art Baumschule zu verwandeln.

Natürlich begnügt sie sich nicht mit Samentütchen. Sie bringt alles mit, wo Blätter dran hängen. So kam auch die Kamelie ins Haus. »Was willst du denn mit der?«, habe ich gefragt. »Wir haben doch gar keinen Platz.«

»Das ist die Rose des Winters«, hat sie gesagt.

Ich wunderte mich ein bisschen, normalerweise ist es gar nicht ihre Art, übertrieben poetisch zu werden. »Rose des Winters?«

»Ja, sagt man so.«

Wegen der Kamelie fing sie wieder mal an, laut über einen Wintergarten nachzudenken. Da bin ich ganz dagegen.

Der Wintergarten käme nämlich dorthin, wo jetzt die Terrasse ist, und die würde logischerweise dann erst dahinter anfangen. Was eine schöne Verschwendung wäre, weil solange dauert der Winter jetzt bei uns auch nicht. Im Sommer aber braucht kein Mensch einen Wintergarten. Außerdem würde meine Frau den auch nur nutzen, um Pflanzen reinzustellen. Das heißt, der wäre nicht wohltemperiert und zum einfachen Rumsitzen und Lesen geeignet, sondern mehr eine Art Gewächshaus. Und dort würde sie zum Beispiel die Kamelie reinstellen. Ist nämlich nicht ganz so leicht, die in einem strengeren Winter vor Schaden zu bewahren. Die Kamelie hat es gern kühl, aber frostig darf es nicht sein.

Den größten Aufwand, die Kamelie durch den Winter zu bringen, treiben sie in Schloss Pillnitz in Dresden. Das Exemplar dort ist mit zweihundertdreißig Jahren eines der ältesten in Europa und mit beinahe zehn Metern groß wie ein Baum. Und wenn sie von Februar bis April blüht, ist das ein Spektakel, sie bringt es nämlich auf bis zu fünfunddreißigtausend Blüten. Die üppige Pracht kommt daher, dass die Kamelie nicht nur an den Triebenden blüht, sondern bis in die Blütenzweige. Allerdings wäre das Pillnitzer Rekordexemplar längst mausetot, wenn man ihm nicht eigens ein fahrbares Gewächshaus gebaut hätte, mit dem man das immergrüne Gehölz von Oktober bis Mai vor Frost schützt. Ja, in so einem Schloss hat man ganz andere Möglichkeiten. Aber wir leben in einem Reihenhaus! Man stelle sich vor, das Ding würde in unserem Wintergarten auch derart gedeihen. Wer soll die dann rein- und raustragen? Ein fahrbarer Wintergarten käme ja wohl nicht in Frage. Und wenn es der Kamelie im Winter zu warm wird, dann schwächelt sie auch, dann ist nichts mit Feuerwerk. Mit anderen Worten, ich schätze es nicht besonders, wenn ich meine Lebensgewohnheiten der Pflanzenwelt anpassen muss, weshalb ich kein großer Freund der Kamelie bin.

Noch schlimmer war die Hyazinthe, die meine Frau aus dem Gartenmarkt mitbrachte. Hyazinthen stehen dort im Februar zu Hauf an der Kasse, gehören auch zu den vorgezogenen Frühlingsblühern, mit denen sie meine Frau voll am Haken haben, drei Stück für zwei Euro. Natürlich kann man die um diese Zeit noch nicht nach draußen stellen, macht ja nichts, bleiben sie eben drinnen, »sieht gleich nach Frühling aus«, hat sie behauptet. Da lobe ich mir doch die wilden Schwestern, die Krokusse, die ihren Job um diese Zeit schon draußen erledigen. Von den Schneeglöckchen mit ihrer eigenen kleinen Heizung gar nicht zu reden. Hyazinthen haben ihre Zeit eigentlich erst im April, aber dann gibt es sie natürlich nicht mehr an der Kasse.

Erst hat sie die in der Küche untergebracht, der Geruch war dermaßen intensiv, dass ich schon meinte, ihn auf der Zunge zu schmecken. Weshalb ich sie dann ins Wohnzimmer gestellt habe, ich dachte, da würde der Duft eher verfliegen. Am nächsten Morgen kam mir der Hund auf der Treppe entgegen. Was ich seltsam fand, normalerweise liegt er morgens gern auf der Fensterbank und guckt in den Garten. Warum geht er dann hoch? Ich hörte dem Klackern seiner Pfoten hinterher, auf den Holzstufen machen seine kurzen Krallen immer ein markantes Geräusch. Ich hörte ihn auch die Treppe in den zweiten Stock nehmen, noch seltsamer. Doch dann, als ich meinerseits den Fuß der Treppe erreichte, roch ich es auch. Als ob man gegen eine süße Wand läuft: Hyazinthe. Das arme Tier. Hunde sind bekannt für ihre empfindliche Nase.

Dabei war Hyazinthe früher ein klassischer Grundstoff in

der Parfümherstellung. Eine Tonne Blüten sollen ungefähr ein Kilo Hyazinthe-Absolue ergeben, das ist der konzentrierte Duftstoff, den man durch Destillation gewinnt. Der ist nur sehr aufwendig herzustellen und dementsprechend teuer. Eigentlich bekommt man ihn quasi gar nicht mehr. Der Duft wird heutzutage in der Parfümherstellung synthetisch imitiert. Blaue Hyazinthen sollen übrigens intensiver duften als weiße oder rosafarbene. Hinters Ohr reiben sollte man sich allerdings keine der Blüten. Sie enthalten einen die Haut irritierenden Stoff, der die sogenannte Hyazinthenkrätze auslösen kann. Ich glaube, Hunde wissen das, unserer auf jeden Fall.

Eigentlich wollte meine Frau die Hyazinthe sowieso rausbringen, wenn ihre Zeit gekommen ist. Sie ist nicht so für Blumen im Haus, schon weil sie es selten fertigbringt, mal eine abzuschneiden. Anfangs hat sie auch nie einen Strauß im Garten gepflückt, um ihn drinnen in eine Vase zu tun. Ich glaube, in ihren Augen ist das so etwas wie Mord. Jedenfalls hat sie den Anspruch, dass da draußen immer irgendetwas blüht. Was nicht leicht zu realisieren ist. Da sind ja ein paar Kandidaten dabei, die nehmen viel Platz weg und haben nur ein paar glänzende Tage. Der Ginster zum Beispiel. Blüht drei Tage, nur um den Rest des Jahres auszusehen wie Gestrüpp. Meine Frau hat sich das dreimal angesehen, dann kam er weg. Der Ginster war ein Erbstück, den hatten wir noch von Frau Hollerbach, unserer Vorbesitzerin, übernommen.

Eigentlich dachte ich ja, die Forsythie wäre ebenfalls ein Streichkandidat. Früher wurde der Strauch sogar mal Goldlöckchen genannt, ist schon ein paar Jahrzehnte her. Inzwischen ist er ein bisschen aus der Mode gekommen. Aber wenn die Forsythie zu Ostern blüht, ist sie immerhin konkurrenzlos. Flieder, Kirsche und die anderen kommen erst später.

Leider blüht die Forsythie gerade vierzehn Tage, um einiges länger als ein Ginster, aber auch die Forsythie versinkt danach in grüner Belanglosigkeit. Früchte gibt es keine zu ernten, und im Herbst flammt da nichts mehr. Irgendwann wirft die Forsythie ihre grau-braun gewordenen Blätter einfach weg. Dafür hat die Forsythie einen anderen Vorteil, den gerade Anfänger sehr zu schätzen wissen: Sie ist praktisch unkaputtbar. Man kann ihr alles entziehen, Liebe, Wasser, Nahrung, man kann sie mit der Gartenschere misshandeln, sie gibt nie auf. Weshalb meine Frau auch lange dachte, sie könnte die Pflege der Forsythie einfach mir überlassen. Sie hat es nur anders formuliert, indem sie sagte: »Schau mal, da oben, da komme ich nicht ran.« Die Forsythie kann nämlich ziemlich schnell beträchtliche Höhe gewinnen, wenn man sie denn lässt.

Aber bei all ihrer scheinbaren Harmlosigkeit hat die Forsythie auch eine tückische Seite: Sie vergisst nicht und versteht es, sich zu rächen. Wenn man sie nämlich zur falschen Jahreszeit schneidet, blüht sie einfach nicht, dann wird sie nur noch grün. Und während anderswo ein Blütenmeer gelb leuchtet, zum Beispiel bei Runges nebenan, signalisiert sie: Schaut her, ich stehe bei einem Ignoranten im Garten.

Forsythien sind Frühjahrsblüher, das ist doch eigentlich gar nicht schwer sich zu merken, die tragen die Blütenknospen noch aus dem Vorjahr in sich. Deshalb schneidet man Forsythien nicht irgendwann, sondern nach der Blüte. Aber wie das manchmal so geht, man nimmt sich das vor, dann ist die Blüte vorbei, man hat gerade irgendetwas anderes zu tun, und schwupps, ist schon wieder Herbst.

Außerdem lichtet man bei Forsythien die alten verholzten Äste nach drei, vier Jahren aus, da kommt nämlich nix mehr. Macht man das nicht, sieht der Strauch irgendwann aus wie ein räudiger Besen. Man kann das zuweilen in öffentlichen Anlagen beobachten, in denen das Gartenbauamt mangels Personal nur noch gelegentlich vorbeischaut. Oder bei Gartenbesitzern, die ihre Forsythien vernachlässigen, weil sie ja wissen, die können das vertragen. Aber sie erzählen auf diese Weise jedem Eingeweihten, hier wohnt ein Gärtner, der hatte die letzten acht Jahre keine Zeit, sich um mich zu kümmern. Ja, so ist die Forsythie, schon schlau irgendwie.

Das Beispiel zeigt, dass man bei so einem Garten immer ein bisschen vorausschauen und handeln muss, wenn noch gar nichts zu sehen ist. Einmal kam meine Frau Anfang April mit einem vollkommen kahlen Stängel an. Natürlich fragte ich sie, was sie denn mit dieser erbarmungswürdigen Antenne wolle. »Das ist eine Weigelie«, sagte sie, »ich werde damit eine Lücke füllen.«

Was für eigenartige Namen Pflanzen manchmal haben. Wobei die Kamelie zum Beispiel nicht etwa so heißt, weil sie zwei Höcker hat, sondern weil der große schwedische Botaniker Carl von Linné den von ihm beschriebenen Teestrauch nach Georg Joseph Kamel benannte. Es ist allerdings nicht ganz sicher, ob Kamel selbst die Kamelie jemals zu Gesicht bekam. Übrigens ein interessanter Typ. Kamel reiste als sechsundzwanzigjähriger Jesuit 1704 ins damals spanische Manila. Er stammte aus dem mährischen Brünn, und von dort auf die Philippinen zu kommen war 1704 schon ein anspruchsvolles Unterfangen. Zumal er den langen Weg mit dem Maulesel quer durch Mexiko und dann von Acapulco aus über den Pazifik nach Manila machte.

Kamel war gelernter Apotheker und hatte den Auftrag,

die philippinische Flora zu erforschen, könnte ja was Nützliches für eine Apotheke dabei sein. Gewissermaßen als Beifang beschrieb er als Erster eine Orchideenart, jedenfalls erarbeitete er sich einen guten Ruf als Botaniker und Arzt. Leider war er auch ein Pechvogel. Ein Teil seiner botanischen Sammlung wurde auf dem langen Weg nach Europa von chinesischen Piraten versenkt, Kamel selbst erlag trotz seiner medizinischen Kenntnisse mit fünfundvierzig Jahren in Manila einem tropischen Fieber. Traurig, der gute Mann hatte es mehr als verdient, dass man eine Pflanze nach ihm benannte, wenngleich mir nicht ganz klar ist, warum es die »Rose des Winters« sein musste. Wer aber ist Herr Weigel? Nun, der Lebenslauf des pommerschen Botanikers Christian Ehrenfried von Weigel ist weniger spektakulär, weshalb ich ihn nicht weiter verfolgte, sondern mich stattdessen eingehender mit dem kahlen Stängel beschäftigte.

Anzusehen war ihm, wie gesagt, nichts. Seine Zeit war ja auch noch nicht gekommen, die würde erst im Mai anbrechen. Ich guckte also ins weite Rund, sah die Tulpen – großartige Blume, steht immer kerzengerade, und wenn sie ihren Job getan hat, zieht sie sich in ihre Zwiebel zurück und kommt im nächsten Jahr wieder –, die ausgewilderte Hyazinthe und die Osterglocken, die ja nur so heißen, weil sie an Ostern blühen. Eigentlich sind es Narzissen. Jedenfalls fragte ich mich, von welcher Lücke meine Frau gesprochen hatte. Übrigens heißt die Narzisse nicht nach einem Herrn Narziss, das ist ein Mythos, an dem schon die alten Griechen ihre Zweifel hatten, das Wort leitet sich wohl vielmehr vom griechischen Wort »narkein« ab, was in etwa betäuben heißt. Weshalb man ja auch Narkose sagt. Tatsächlich war die Narzisse schon in der Antike ein probates Brechmittel, sämtliche Bestandteile der Pflanze sind giftig, das Verspeisen der Zwiebel soll tödlich sein. Narzissen sind sogar zu ihren Kollegen ziemlich gemein, Tulpen zum Beispiel mobben sie einfach weg. Jedenfalls machen Tulpen schnell schlapp, wenn man sie mit Narzissen zusammen ins selbe Wasser stellt. Überhaupt ist so ein Garten ja nicht ungefährlich, kann sogar recht tückisch sein. Da gibt es ja nicht nur die Narzisse oder die bereits erwähnten Maiglöckchen. Goldregen, Rittersporn oder Fingerhut, sie alle haben das Potenzial, einen umzubringen. Topfavoriten in der Kategorie letale Gartenpflanze sind allerdings zwei andere. Da ist zum einen der Blaue Eisenhut, eine Staude mit blauen Blütenrispen, die unter Naturschutz steht und als Gartenzierpflanze recht beliebt ist. Erstaunlich, denn der Blaue Eisenhut gilt als giftigste europäische Pflanze. Das in ihm enthaltene Aconitin ist wirksamer als Strychnin, ein Milligramm pro Kilo Körpergewicht kann bereits zum Herzstillstand führen. Und schon das Pflücken der Pflanze ist unter Umständen nicht besonders bekömmlich. Dem Blauen Eisenhut kaum nach steht Ricinus communis, auch Wunderbaum genannt (nicht zu verwechseln mit dem Duftspender, der in manchen Autos hängt). 0,179 Gramm Rizinussamen pro Kilo Körpergewicht gelten bereits als tödliche Dosis. Bekanntheit erlangte Ricin, als 1978 dem bulgarischen Dissidenten Georgi Markow in London 40 Mikrogramm davon mit einem präparierten Regenschirm injiziert wurden. Markow starb nach tagelangem Leiden. Der bulgarische Geheimdienst hatte dabei seine Hände im Spiel.

Nun, wir haben weder Fingerhut noch Wunderbaum und erst recht keinen Blauen Eisenhut im Garten, ist mir alles zu gefährlich. Außerdem kriegt meine Frau schon juckende Finger, wenn sie einen harmlosen Salbei streichelt. Aber ich wollte das eigentlich auch nur erzählen, weil so ein Garten keineswegs nur das Paradies ist. Es handelt sich ja im weitesten Sinne um Natur, wenn man mal davon absieht, dass meine Frau meistens darüber entscheidet, wer rein darf und wer nicht. Jetzt sollte also die Weigelie einen Platz finden. Weil ich mich aber ungern überraschen ließ, schaute ich mal im Internet, was von diesem Stängel zu erwarten war. »Wird bis zu 2 Meter 50 hoch und breit«, stand da. Um Himmels willen, ich sah einfach keine Lücke. In so einem Fall muss irgendjemand weichen. Und meistens trifft es die, die nicht machen, wie meine Frau will, da ist sie streng.

Deutzia scabra Plena war einer dieser Fälle. Ich kenne den Namen auch nur, weil er auf dem kleinen Zettel stand, den sie dem Rosa Maiblumenstrauch – so heißt die Deutzia auch – im Gartencenter verpasst hatten. »Blüht üppig, ist dabei anspruchslos«, stand da noch. Deutzia scabra Plena blühte in drei Jahren überhaupt nicht, nicht rosa, nicht im Mai, nie. Dass sie überhaupt so lange bleiben durfte, verdankte sie der Tatsache, dass sie schön grün vor sich hinwuchs. Sie war also guten Willens, hatte aber eindeutig ihr Thema verfehlt.

Die Deutzia musste also weichen. Aber sie hatte Glück, die Deutzia musste nur ihren Platz in der 1-a-Lage räumen. So nennen wir intern den Garten hinter dem Haus, jene Fläche, die an die Terrasse angrenzt und die man logischerweise häufiger zu sehen kriegt als die 1-b-Lage vor der Tür. Die sehen wir eigentlich nur, wenn wir das Haus verlassen oder betreten.

Wer sich dann dort nicht bewährt, der fliegt ganz raus. Deutzia scabra Plena allerdings nutzte ihre Chance, sie entwickelte sich vorn weitgehend unbemerkt prächtig und blühte ungeheuer. Was bedeutet, dass der Standort dort irgendwie besser ist. Vielleicht hatte sie aber auch nur Angst, weil ihr klar war, nach der 1-b-Lage kommt nicht mehr viel. Pflanzen können recht sensibel sein. Das ist wissenschaftlich erwiesen. Der Bonner Zellularbiologe Frantisek Baluska hält es für möglich, dass sie mehr Sinne haben als der Mensch, weil sie empfänglich sind für verschiedenste Umweltfaktoren wie Licht, Bodenstruktur und Schwerkraft. Roggenpflanzen sollen sogar über Wurzelfasern kommunizieren können. Gut möglich also, dass die Deutzia wusste, das ihr der Kompost drohte. Meine Frau jedenfalls wird sie nicht im Unklaren gelassen haben.

Ich hab sie ja mal gefragt: »Sag mal, sprichst du eigentlich mit deinen Pflanzen?«

»Natürlich«, hat sie geantwortet, »vor allem mit denen draußen im Garten.«

Selbstverständlich wollte ich wissen, worum es denn da geht.

»Dies und das«, hat sie ein wenig unbestimmt erwidert, »wie siehst du denn aus?«, oder »schön bist du geworden.«

Die Deutzia hat bestimmt was anderes zu hören gekriegt.

Die Frage, ob ihr die Pflanzen auch antworten, habe ich mir verkniffen. Aber ernst habe ich das Ganze schon genommen. Um weitere Erkundigungen einzuziehen, besorgte ich mir das Buch »Was Pflanzen wissen« des israelisch-amerikanischen Biologen Daniel Chamovitz. Der Titel führt ein wenig in die Irre, denn eigentlich geht es bei Chamovitz darum, was Pflanzen wahrnehmen. Nun, zumindest in einem Punkt hat er mich enttäuscht. Der Biologe geht davon aus, dass sie stocktaub sind. All die wunderbaren Experimente also, in denen Forscher versucht haben, das Gegenteil zu beweisen, indem sie ihren Probanden indianische Flötentöne, Mozart oder Led Zeppelin vorgespielt haben, hätten nach seiner Überzeug lediglich etwas über die musikalischen Vorlieben der jeweiligen Forscher verraten. Allenfalls für möglich hält Chamovitz, dass Pflanzen auf unterschiedlichen Schalldruck reagieren, vor allem Schlagzeugsoli sollen da wirkungsmächtig sein.

Dass Pflanzen sensibel sind, dafür gibt es eindeutige Belege. Sie alle können das Licht wahrnehmen, der Teufelszwirn riecht die Tomate, wächst schneller, wenn er sie ertastet hat. Limabohnen informieren ihre Nachbarn, wenn sie angeknabbert werden. Und die meisten Pflanzen reagieren empfindlich auf Berührungen, allzu häufiges Anfassen hemmt ihr Wachstum. Das ist evolutionär leicht zu erklären: Wenn ein Baum immer wieder von Stürmen gezaust wird, sagt er sich doch, bleibe ich mal lieber klein und stämmig. Es ist auch ein Irrtum anzunehmen, Pflanzen blieben wenigstens still stehen, weil sie ja angewurzelt sind. Schon Darwin hat nachgewiesen, dass Bohnenkeimlinge tanzende Bewegungen ausführen, sehr langsam, aber immerhin. Die polnische Biologin Maria Stolarz fand sogar heraus, dass eine Sonnenblume, versengt man ihre Blätter, beinahe doppelt so schnell kreist wie sonst. Das klingt eindeutig nach Angst. Angesichts dieser Beweislage bin ich gar nicht so sicher, ob man das mit der Taubheit so stehen lassen kann. Ich kann mir gut vorstellen, dass die Deutzia meine Frau sehr genau verstanden hat.

Es ist ja ohnehin nicht einfach, in einem schmalen Garten wie dem unseren die richtige Lage zu finden. Nachbar Runges Erle wirft beträchtlichen Schatten. Und die Klematis, die die beiden an ihrem Staketenzaun emporranken ließen, erreichte, wie bereits beschrieben, Höhen, dass wir kaum mehr die Sonne sahen. Meine Frau hat mich ja damals sogar rübergeschickt, das zu regeln. Das hat Herrn Runge ziemlich aufgeregt. Wie gesagt, er war mal Schulleiter. Nun erteilte er uns schlechte Noten. Von wegen, muss meine Frau eben sehen, was da auch im Schatten blüht. Zum Glück hatte seine Frau ein Einsehen. Monika Runge war zwar ebenfalls Lehrerin, aber für Kunst und nicht für Biologie. Ihre Bereitschaft zum Einlenken kam umso überraschender, als ich mir einen schweren diplomatischen Schnitzer erlaubte. Da stand nämlich so ein amorpher Klumpen in ihrem Garten, ziemlich hoch, anderthalb Meter ungefähr, und es rutschte mir einfach raus.

»Was ist denn da passiert?«, fragte ich nämlich und sprach, ohne nachzudenken, weiter: »Vielleicht eine Dose Bauschaum explodiert?«

»Was meinen Sie?«, erwiderte Frau Runge, und wir guckten beide in Richtung amorphe Masse. »Meinen Sie meine Skulptur? Das müssen Sie doch erkennen, das ist frei nach Niki de Saint Phalle!«

»Natürlich«, murmelte ich, »Niki de Saint Phalle« und schob rasch noch »schöne Rosen« hinterher, um nicht in eine kunstgeschichtliche Diskussion verstrickt zu werden.

»Sie aber auch«, sagte Frau Runge, »Queen Elizabeth, die ist noch von Frau Hollerbach.« Vermutlich wollte sie mit dem Hinweis auf unsere Vorbesitzerin andeuten, was sie von unserer Gartenkompetenz hält.

Tatsächlich ist Frau Hollerbachs alte Rose ganz hübsch und vor allem zäh, sie blüht mitunter bis in den November hinein. 1979 wurde sie von der World Federation of Rose sogar mal zur Weltrose gewählt. Allerdings wusste ich das da noch nicht, weil ich erst durch Frau Runge erfuhr, wie sie heißt, und anschließend ein bisschen recherchiert habe. Gezüchtet hat die Queen übrigens kein Engländer, wie man annehmen möchte, sondern der Amerikaner Walter Lammerts. Und der ist nicht nur Rosenzüchter, sondern auch

Gründungsmitglied der »Creation Research Society«, einem eher obskuren Zusammenschluss bibeltreuer Wissenschaftler, die felsenfest daran glauben, dass jegliche Schöpfung göttlichen Ursprungs ist. Von der Evolutionstheorie hält er gar nichts. Eigenartig für jemand, der seine persönliche Rose geschöpft hat. Weil ich das aber zu diesem Zeitpunkt, wie gesagt, noch nicht wusste, sah ich zu, auch von dem Rosenthema wegzukommen und stattdessen die Klematis-Frage anzusprechen.

Frau Runge war wegen des Niki-de-Saint-Phalle-Zwischenfalls ein wenig verstimmt, revanchierte sich indessen bei Gelegenheit, indem sie das Werk meiner ebenfalls künstlerisch ambitionierten Frau mit der Bemerkung »Ah, malen nach Zahlen« abqualifizierte. Das kam auch nicht gut an. Zum Glück hatte Frau Runge ein Einsehen, bevor es zur Eskalation kommen konnte, und schnitt, wie gesagt, ihre Klematis herunter, mit besagtem Ausgang: so stark, dass die sich davon nicht mehr erholte. Sie wurde durch eine noch aktiver wuchernde Trompetenblume ersetzt. Meine Frau ärgerte sich über die Trompete ob deren ausgeprägter Virilität umso mehr und fand die trompetenförmigen, roten Blüten auch nicht »schön«, wie ich arglos vorschlug, sondern »wurstig«. Tatsächlich sehen sie ein bisschen fleischig aus. Mir war das Ganze aber so unangenehm, dass ich mich weigerte, gegen die Trompetenblume vorzugehen und erneut bei Runges vorzusprechen. Übrigens hat sie ihre Skulptur inzwischen angemalt. Aber Niki de Saint Phalle ist auch nicht so meins. Meine Frau versuchte dagegenzuhalten, indem sie auf unserer Westseite überwiegend solche Pflanzen setzte, die gern Schatten haben und trotzdem blühen. Der Rhododendron zum Beispiel, der blüht ja selbst im Wald. Später im Sommer hielt sich die Astilbe ganz prächtig, und die verstand sich auch mit der Funkie, ebenfalls ein Schattenblüher. Allerdings sieht die Astilbe ein bisschen aus wie lilafarbenes Unkraut, was ich lieber für mich behielt.

Manchmal habe ich den Eindruck, der Garten setzt meine Frau ganz schön unter Druck. Ich meine, sind die Tulpen Ende April weg, muss da schon wieder was Neues am Start sein. Und Rückschläge muss sie dabei auch verkraften. Einer der größeren hat mit meiner Birke zu tun, die ja leider von uns gegangen war. Das heißt, sie war nicht wirklich weg, da ragten immer noch die mittlerweile kahlen und schwarzen Äste – sogar die weißen Flecken hatten sich verdunkelt – in den Himmel. Das deprimierte uns ungeheuer. Weshalb ich ja schließlich die Teleskopkettensäge kaufen durfte, weil ich es kategorisch abgelehnt hatte, den muskelbepackten Herrn Schönfeld erneut in unseren Garten zu lassen. Der Plan war, die Birke aller ihrer Äste zu berauben und an dem Stumpf eine Wisteria, auch Blauregen genannt, emporranken zu lassen. Das würde sicher sehr hübsch aussehen und uns für den Tod der Birke entschädigen. Außerdem wäre die Wisteria dort hinten weit genug weg vom Haus, um etwa die Regenrinne zu erwürgen. Ich setzte mir eine Schutzbrille auf und sagte meiner Frau, sie solle zurücktreten. Herr Schönfeld hatte das so gemacht.

Es war verdammt schwer, den vier Meter langen Sägearm zur Hochstrecke zu bringen, und ich war verleitet, ihn in der Senkrechten zu halten, weil das Ding schwankte wie ein Schilfrohr im Wind. Die Hebelwirkung ist wirklich nicht zu unterschätzen, weil die Säge ja auf der Spitze sitzt, befindet sich dort das größte Gewicht. Es ist aber keine so gute Idee, den Ast direkt über sich abzusägen, er würde einem unweigerlich den Schädel einschlagen. Man unterschätzt ja sehr, was selbst kleinere Äste wiegen. Einer streifte mich am

Arm, das tat schon mächtig weh. Mir fiel die Unfallstatistik wieder ein. Unfallursache Nummer eins: Schneidwerkzeuge aller Art. Außerdem schwitzte ich stark unter der Schutzbrille. Als ich versuchte, mit meinem behandschuhten Finger die Sicht wieder freizukriegen, rieb ich mir ein Stück Rinde ins Auge. Trotzdem fühlte ich mich gut. Kettensägen sind nicht nur mordsgefährlich, sie bergen auch ein hohes Suchtpotenzial. Ich musste mich schon sehr zügeln, nicht den ganzen Baum kurz und klein zu sägen. Wahrscheinlich hätte ich es getan, weil ich nicht genug von dem durchdringenden Ton bekommen konnte, aber das Kettenöl war alle, und ich musste die Säge abstellen. Am Fuß des Stumpfes pflanzten wir die Wisteria. Das ist jetzt vier Jahre her, und sie hat noch nicht ein einziges Mal geblüht. Frau Runge sagt, das könne auch acht Jahre dauern, weshalb wir ihr ein paar weitere Chancen einräumen werden. Aber Frau Runge hat gut reden, ihre Wisteria blüht wie verrückt, was mich schon ein wenig ärgert.

Meine Frau hat allerdings auch erklärte Lieblinge. Der Sommerflieder gehört dazu, er erneuert sich immer wieder und blüht sehr lange. Man nennt ihn auch Schmetterlingsflieder, weil die Tagfalter die Blüten lieben. Ich mag Schmetterlinge, die bunten Flügel, die taumeligen Bewegungen, diese eigenartige, vermeintlich ziellose Flugtechnik. Schmetterlinge haben es ja nicht leicht, seit die echten Wiesen mit Blumen und Unkraut immer seltener werden. Deshalb mag ich den Sommerflieder. Die Sommerspiere gehört ebenfalls zu ihren Favoriten, ein kleiner Strauch, der bis in den September blüht. Und sogar ein Gemüse gehört dazu. Ich habe es gar nicht gleich als solches erkannt. Aber als ich dachte, ich müsste ihre Blumen mal wieder loben, sagte ich »Schatz, was sind denn das für hübsche blaue Kugeln, die da vor der Hecke schweben?« Natürlich schwebten sie nicht, aber es sah so aus, weil es sich um eine kugelförmig angeordnete Vielzahl kleiner Blüten handelt, die sich an der Spitze eines fast ein Meter hohen, dünnen Stängels ballten. Vor dem Grün der Ligusterhecke sah man den Stängel gar nicht. Fast wie eine Pusteblume, nur eben viel größer und tiefblau. »Schweben« stimmte also nicht, klang aber sehr viel poetischer als »Rumstehen«. Und meine Frau mag Poesie, wenn von ihrem Garten die Rede ist.

Und was antwortete sie? »Lauch, das ist Zierlauch.« Nun klingt Lauch eher nach Suppeneinlage als nach Poesie, selbst wenn er zierlich daherkommt. Ich schaute mir die Blüten genauer an, wie kleine blaue Sterne, die alle zusammen eine Kugel von fünfzehn, vielleicht zwanzig Zentimetern bildeten. Ganz erstaunlich, wozu so ein Gemüse im Stande sein konnte, und ich witterte meine Chance, dass dieser Garten vielleicht doch auch irgendwann zu etwas nutze sein würde, zu meiner Ernährung nämlich. Ein Plan, den ich hegte. Aber dafür war es noch zu früh, vor allem war mir inzwischen klar, dass das mit Arbeit einhergehen würde, möglicherweise sogar für mich.

Einstweilen handelte es sich um einen reinen Ziergarten, in dem meine Frau den Ton angab. Erstaunlich genug, was sich trotz dieser Einschränkung für Universen darin verbargen. Die Taglilie zum Beispiel, die blüht, wie der Name schon nahelegt, tatsächlich nur einen Tag. Macht aber nichts, sie kommt immer wieder, den ganzen Sommer über. Was für ein Aufwand für so eine Blume, allein für einen Tag eine Blüte hervorzubringen. Dabei hat die Taglilie unfassbar viele Freunde, die sich jedes Jahr treffen, um sich ihre schönsten Exemplare zu zeigen. Nun, meine Frau wird da nie hinfahren, ihre besondere Wertschätzung gilt nicht der Taglilie, sondern der Hortensie. Wir haben da inzwischen ein paar schöne Exemplare, vor allem unsere Rispenhortensie, die bis in den September blüht und dann noch einmal die Farbe wechselt. Ich mag die Hortensie auch, allerdings muss ich zugeben, als wir mal in Italien waren, habe ich dort Hortensien gesehen, mannshoch, betörend, weiß, blau, pink. Wobei, pink wird die Hortensie, deren Farbenwechselfreude ich bereits erwähnt habe, erst, wenn ihr der Boden nicht sauer genug ist. Gibt man ihr im Frühjahr ein paar Löffel Kalialaun, wird sie wieder blau. Mit dieser üppigen Pracht jedenfalls können wir hier nicht ganz mithalten.

Nachdem wir uns anfangs mit der Hortensie schwertaten, ich sie für ein bisschen altmodisch hielt, ist sie inzwischen auch in unserem Garten eine Zierde. Außerdem verbirgt sich hinter ihr eine der großartigsten Geschichten aus der Pflanzenwelt. Es heißt nämlich, der Botaniker Philibert Commerson habe der Hortensie ihren Namen gegeben und sie nach Europa gebracht, wenn auch nicht persönlich. Commerson war 1766 Mitglied der Expedition des französischen Kapitäns Bougainville bei dessen Weltumsegelung. Am Anfang verstanden die beiden sich wohl recht gut, jedenfalls verlieh Commerson in Brasilien einem spektakulär blühenden Busch den Namen Bougainvilles, was den Kapitän ungeachtet seiner nautischen und literarischen Verdienste, er schrieb ein Buch über seine Reise, auch in Botaniker-Kreisen unsterblich machte. Später gab es dann Ärger. Commerson wurde von Jeanne Baret begleitet, einer jungen Frau. Weil die aber davon ausgehen musste, dass sich eine sechsundzwanzigjährige Gärtnerin auf einer vierzig Meter langen Fregatte randvoll mit französischen Matrosen kaum unbehelligt um ihre Pflanzen würde kümmern können, verkleidete sie sich als Mann.

Der Schwindel soll keinem aufgefallen sein, bis Bougainvilles Schiffe »L'Etoile« und »La Boudeuse« (was auf Deutsch so viel heißt wie »der Stern« und »die Schmollende« und ganz wunderbare Namen für Fregatten sind, die wohl nur Franzosen einfallen können) Tahiti erreichten. Angeblich bemerkten erst die Insulaner dort, hey, dieser Gärtnergehilfe ist doch eine Frau. Wie man sich vorstellen kann, herrschte auf der »Boudeuse« fortan große Unruhe, und Kapitän Bougainville, der das Schiff mit großer Umsicht kommandierte – nur sieben Besatzungsmitglieder überlebten die Weltreise nicht, eine für damalige Verhältnisse sensationell geringe Verlustquote –, fürchtete um die Disziplin auf seinem Schiff. Weshalb Philibert Commerson und Jeanne Baret auf Mauritius aussteigen mussten. Die beiden widmeten sich fortan auf der Insel im Indischen Ozean gemeinsam der Erforschung der Pflanzenwelt, fünf Jahre lang, bis Commerson mit sechsundvierzig Jahren starb. Vorher verlieh er aber noch der Hortensie ihren Namen, nach Hortense, wie er seine Gärtnerin Jeanne genannt haben soll. Was ja auch Sinn ergibt, denn hortus ist Latein und bedeutet Garten, Hortense ist also jemand, der gern im Garten ist. Stimmen, dass es noch andere Hortenses im Leben des Botanikers gab, seien hier erwähnt, werden aber als weniger stichhaltig vernachlässigt. Unklar ist leider auch, wo er die Ur-Hortensie her hatte, stammte die doch eigentlich aus China. Die wahrscheinlichste Version ist, dass sie sich von China bereits bis Mauritius verbreitet hatte.

Jeanne Baret alias Hortense kehrte schließlich heim nach Paris und hatte damit als erste Frau überhaupt die Welt umsegelt. Sie setzte die Arbeit Commersons fort und wurde eine berühmte Naturforscherin. Was für eine Geschichte, ich dachte ernsthaft darüber nach, meine Frau künftig

Hortense zu nennen, was mir dann aber doch zu verstiegen vorkam.

Ja, meine Frau ist schon eine aufmerksame Gärtnerin, so schnell entgeht ihr nichts. Eines Tages im September zum Beispiel stand sie am Fenster und beobachtete ihr Werk da draußen. Die Hortensien blühten noch, die Rosen auch, die Bartblumen leuchteten blau, plötzlich sagte sie: »Meine Dahlien, wo sind eigentlich meine Dahlien?« Die hätten jetzt nämlich auch blühen müssen. »Hm«, brummte ich, um ein wenig Zeit zu gewinnen. Nun verhält es sich mit den Dahlien so, dass man ihre Knollen im späteren Herbst ausgräbt, jedenfalls wird das in den Gartenzeitschriften so empfohlen. Dahlienwurzeln vertragen keinen Frost und sollten deshalb im Keller überwintern, sagen die Experten. Oder man kauft sich einfach neue. Denn, um ehrlich zu sein, gibt es inzwischen eine ganze Menge, das eigentlich im Haus überwintern sollte, weil es im Grunde gar nicht in unsere Breiten gehört. Das trifft nicht nur auf die Dahlien zu, sondern auf ziemlich viele bunte Blüten da draußen, ursprünglich von Leuten wie Bougainville importiert aus von der Sonne verwöhnten Breiten. Nicht umsonst galten erst die Franzosen und dann die Briten als die großen europäischen Gartengestalter, waren es doch ihre Seefahrer, die viele exotische Pflanzen erstmals nach Europa holten. Auch für die Hortensie gilt, dass sie bei uns zwar gedeiht und draußen überwintern kann – trotzdem empfehlen sich Vorsichtsmaßnahmen, indem man das Wurzelwerk etwa mit Reisig abdeckt und frühe Blüten mit einem Vlies vor Nachtfrösten schützt.

»Ich weiß auch nicht«, schwadronierte ich jedenfalls munter weiter, »vielleicht haben deine Dahlien keine Lust mehr.« Ich interessierte mich gerade nicht für ihre Dahlien, ich hätte viel lieber einen Kirschbaum gehabt. Ich mag Kirschen. Aber meine Frau verträgt die Früchte nicht, sie reagiert allergisch darauf. Und zwar derart heftig, dass ich mir den Mund ausspülen muss, wenn ich Kirschen gegessen habe und anschließend auf die Idee komme, sie zu küssen. Trotzdem war ich es, der die Dahlien dann fand.

Es waren sogar zwei verschiedene Sorten. Eine mit einem japanisch klingenden Namen, die andere hieß vielversprechend »Colour Spectacle« und strahlt orangerot mit hellen Spitzen. Ich weiß das so genau, weil der Name über einem entsprechenden Bild auf der Packung stand. Beide hätten bis in den Oktober hinein geblüht, wenn man sie denn im Mai eingepflanzt hätte. Haben wir aber nicht, meine Frau hatte sie einfach im Keller vergessen, und ich entdeckte die Tüten mit den Knollen noch original verpackt hinter der Werkbank. Dort sind sie sogar ein bisschen ausgetrieben, aber eben nur ein bisschen. Hinter der Werkbank ist kein guter Platz für Dahlien. Vielleicht kann man die ja im nächsten Jahr noch einpflanzen, habe ich versucht sie zu trösten. Hat nichts genutzt. Sie war frustriert, vor allem, als sie die Gladiolen fand, ebenfalls ungeöffnet. Das Beispiel zeigt einmal mehr, wie sehr man selbst in einem kleinen Garten immer hinterher sein muss, wenn da ständig etwas blühen soll.

Im Herbst geht meine Frau dann daran, den Garten winterfest zu machen, indem sie ihre Lieblinge, jedenfalls die, die draußen sonst keine Chance haben, warm einpackt. Manche muss ich sogar reinbringen. Außerdem vergräbt sie irgendwas, womit sie dann sich oder mich im nächsten Jahr überraschen will, schneidet hier und dort. Ich nehme da nicht wirklich Anteil, weil ich mich nicht so sehr für das dekorative Element zuständig fühle, lass sie mulchen und lobe allenfalls mal ihre Chrysanthemen, um diese Zeit der leuchtendste Fleck im ganzen Garten, oder die Fette Henne, die neben den Rosen zu den letzten Highlights im Gartenjahr gehört, wenn man eine Pflanze dieses Namens überhaupt als Highlight bezeichnen darf. Aber ich weiß, es dauert nicht mehr lang, ein scharfer Frost und die eben noch leuchtenden Chrysanthemen sehen aus wie Matsch. Die Hortensien haben inzwischen die Farbe überlagerter Leberwurst angenommen, und meine Überlegungen kreisen eher um praktische Erwägungen. Eine meiner zentralen Ängste ist nämlich, dass es jetzt über Nacht mörderisch kalt werden könnte und die Leitung zu unserem Wasserhahn draußen im Garten zufriert. Weshalb ich ab Mitte Oktober anfange zu drängeln: »Wann darf ich denn abstellen?« Meine Frau sagt dann regelmäßig: »Noch nicht, ich muss noch wässern.«

Dabei ist meine Sorge keineswegs unbegründet. Die Leitung ist tatsächlich schon einmal zugefroren und dann gerissen. Und zwar unter der Terrasse. Weshalb ich es auch gar nicht gleich gemerkt habe. Der Verdacht kam mir erst, als ich registrierte, dass die Erde rund um die Terrasse eigentlich immer feucht war. Misstrauisch geworden, überprüfte ich sämtliche Wasserhähne im Haus, ob sie denn auch wirklich geschlossen sind, und siehe da, der Zähler rotierte. Natürlich bekam ich erst einmal einen Schreck. Der Grund hinter unserer Terrasse ist leicht abschüssig, und man kennt doch die Bilder von alles verschlingenden Schlammlawinen.

So weit kam es zum Glück nicht, aber es war trotzdem furchtbar. Die gesamte Leitung musste erneuert, die Terrasse dafür aufgegraben werden. So etwas möchte ich nicht noch einmal erleben.

Aber meine Frau hat mehr Angst davor, dass ihre Pflanzen zu trocken in den Winter gehen und jämmerlich verdursten, wenn der Frost einsetzt. Dabei ist das mit dem

Hahn nicht etwa in fünf Minuten erledigt. Ich muss ja die ganze Leitung erst leer laufen lassen. Und wir haben zwei davon. Außerdem muss ich den erst mal finden. Weil sie den neuen Hahn hässlich findet, sie hätte lieber so eine nachgemachte Pumpe gehabt, die ich wiederum kitschig finde, steht der jetzt nicht mehr in einem simplen Staudenbeet. Sie hat da lauter Gräser gepflanzt, weil Gräser sich so schön im Wind wiegen, wie es in den Gartenzeitschriften heißt, und noch spät im Herbst tiefrot leuchten können.

Bei uns leuchtet es auch, und meine Frau ist total stolz auf das, was da am Rand der Terrasse entstanden ist. Früher stand da eine Konifere, die hat sie längst rausgerissen, jetzt wiegen sich rubinrote und blau-grüne Gräser im Wind, mächtig groß und dschungeldicht, und ich weiß nicht mehr, wo der Hahn ist. Ich weiß nur, er ist irgendwo da draußen, und ganz am Ende des Gartenjahres braucht er mich.

6
Exotische Träume

Ich habe vor einigen Jahren mal ein paar Monate in Mexiko verbracht. Irgendwann war Weihnachten. Ich bemerkte es nicht sofort, weil es weder Tannen noch Schnee gab, dafür reichlich Sand und Palmen. Aber dann mühte sich der Wirt meiner bevorzugten Strandbar doch, so etwas wie weihnachtliche Atmosphäre herbeizuzaubern. Indem er nämlich den Stamm der Palme vor seinem Etablissement mit Silberbronze anstrich. Ich war mir nicht sicher, ob das gut für die Palme sein würde, aber der Wirt, ich glaube, er hieß Ernesto, war mit seiner Arbeit ganz zufrieden. Um ganz sicher zu gehen, hängte er sogar noch ein Schild mit der Aufschrift »Feliz Navidad« auf und beschallte uns mit »White Christmas«.

Es ist nämlich nicht so, dass der Mexikaner keine Weihnachten feiert. Im Gegenteil, an den Adventssonntagen brennt er gerne mal ein kleines Feuerwerk ab. Außerdem hat er der Welt den Weihnachtsstern geschenkt. Jedenfalls hat der Spanier Martin de Sessé y Lacosta dort im Jahre 1788 einen Weihnachtsstern gepflückt und ihn, wie folgt, beschrieben: »Blüht im Dezember und wird daher von den Einheimischen als Weihnachtsblüte bezeichnet.« Wahrscheinlich hatte unser Ernesto gerade keinen zur Hand, sonst hätte er sich die Mühe mit der Silberbronze nicht gemacht. Lacosta jedenfalls war der Erste, der Kenntnis von dieser Pflanze nach Europa brachte. Leider war um die Wende zum 19. Jahrhundert in Spanien gerade ziemlich viel los. Napoleon war mit seinen Truppen ins Land eingefallen, und in den Kriegswirren ging Lacostas Herbarium verloren. Übrig blieb vom Weihnachtsstern erst einmal nur ein hübsches Aquarell. Der Nächste, der einen Weihnachtsstern nach Europa brachte, war Alexander von Humboldt. Aber der vielbeschäftigte Humboldt kam nicht dazu, die Neuentdeckung wissenschaftlich zu beschreiben. So blieb sein getrocknetes Exemplar im Keller des Botanischen Museums Berlin, wo es noch heute liegt. Es dauerte noch einmal dreißig Jahre, bis ein anderer Mitarbeiter des Berliner Botanischen Gartens sich des Weihnachtssterns annahm und dem überbordenden Strauch den wissenschaftlichen Namen »Euphorbia pulcherrima« gab, was so viel wie »allerschönste Wolfsmilch« bedeutet. Mit dem in der Natur mehr als mannshohen Strauch, er soll bis zu vier Meter erreichen, hätten mitteleuropäische Haushalte allerdings genauso wenig anfangen können wie Ernesto mit einer Nordmanntanne, weshalb einige Generationen Gärtner sich große Mühe gaben, das Ding mit Wachstumshemmern in ein handlicheres Format zu bringen. Das wurde dann ein Verkaufsschlager, ohne freilich wirklich in hiesige Gefilde zu passen. Wir haben jedenfalls schon ein paar Mal einen Weihnachtsstern geschenkt bekommen, und es ist uns nie gelungen, den Stern über den Winter zu bringen. Meist sah er Ende Februar mangels Blättern aus wie eine Antenne. Hätte man ihn mit Silberbronze angestrichen, wäre die Illusion perfekt gewesen. Der einzige Trost war, dass ungefähr um diese Zeit der Weihnachtsstern sowieso aufhört zu blühen, und damit büßt er dann einiges an Attraktivität ein.

An dieser Stelle ist eine Anmerkung angebracht: Wir haben da einen Nachbarn gegenüber, der sein Haus immer zu Weihnachten mit blauen und roten Lichterketten behängt und sich überdies noch ein Rentiergespann aus Leuchtdioden in den Garten stellt. Mag sein, dass so etwas kaum Strom verbraucht, seit das Zeitalter der Glühbirne vorbei ist, der Stromriese Vattenfall behauptet jedenfalls, im Dezember sei der Stromverbrauch nicht höher als im Januar oder Februar. Trotzdem gebe ich hier mal zu bedenken, dass Ernestos Weihnachtsdeko um einiges energiesparender war.

Es ist übrigens nicht ohne Risiko, irgendwelche Exoten einfach von der Reise mitzubringen, wie Humboldt oder Lacosta das getan haben. Es gibt genügend Beispiele von Pflanzen, bei denen es besser gewesen wäre, sie hätten sich hier nie breitmachen dürfen. Es gibt sogar einen eigenen Forschungszweig, der sich ausschließlich mit den damit verbundenen Problemen beschäftigt: die Invasionsbiologie. Ein fataler Fall ist Ambrosia, das beifußblättrige Traubenkraut. Es spricht einiges dafür, dass Ambrosia im großen Stil nach dem Zweiten Weltkrieg mit Getreidelieferungen per Schiff aus Nordamerika kommend Europa erreichte. Es soll aber auch schon lange vorher Ambrosia in Deutschland beobachtet worden sein, um 1860 bei Hamburg. Nur wurde das Unkraut hier zunächst nicht richtig heimisch. Das änderte sich erst in den letzten Jahrzehnten und soll auch mit der Klimaerwärmung in unseren Breiten zu tun haben. Vor allem bedient sich das Kraut seitdem eines weiteren Vertriebsweges: Es kommt mit dem Vogelfutter. Untersuchungen haben ergeben, dass man selbst bei Futtermittelproben mit dem Aufdruck »Ambrosiafrei«, nicht sicher sein kann, ob doch Samen mit drin ist. Weshalb das Bundesamt für Naturschutz in Deutschland Privatgärten als wichtigsten Fundort der Ambrosia ausgemacht hat, vom Gärtner mit dem Vogelfutter selbst ausgesät. Jedenfalls vermehrt sich das Zeug wie toll, ist beim Standort wenig wählerisch, Baustellen besiedelt sie genauso gern wie Ziergärten, Trockenheit macht ihr nichts aus, ein bisschen Schatten auch nicht. Selbst mit der Kälte kommt Ambrosia inzwischen gut klar. Immerhin, laut Bundesamt stellt Ambrosia für den Naturschutz derzeit noch keine Bedrohung dar, was sich freilich bald ändern könnte. Ganz anders sieht es leider für den Menschen aus, den bedroht Ambrosia ganz erheblich. Die Pollen sind hochgradig allergieauslösend, führen häufiger als andere Pollenallergien zu Asthma. In Frankreich und Italien sollen bereits 12 Prozent der Bevölkerung betroffen sein, in Ungarn gar 30 Prozent.

Grundsätzlich unterscheidet man zwei verschiedene Typen von Invasoren, solche, die schon vor Kolumbus hier waren, die sind gewissermaßen eingemeindet. Und solche, die erst danach kamen, die Neophyten eben. Und bei denen gibt es auch wieder einen wichtigen Unterschied: Es gibt jene, die sich hier halten und ausbreiten können. Und die Verlierer, die hier einfach keinen Erfolg haben. Eigenartigerweise hat sich meine Frau in den Kopf gesetzt, ausgerechnet Vertreter des zweiten Typus bei uns im Garten heimisch zu machen. Und angesichts ihres anhaltenden Misserfolgs bin ich mir auch nicht so sicher, ob das mit dem Klimawandel nicht ein klein wenig überschätzt wird. Oder doch zumindest viel komplizierter ist, als man gemeinhin glaubt.

Eins der traurigen Beispiele für ihren Versuch, unseren Garten in ein subtropisches Paradies zu verwandeln, war Trachycarpus fortunei, die Hanfpalme. Und zwar ausgerechnet zu Weihnachten. Meine Frau hatte das Buch »Englische Traumgärten« geschenkt bekommen, saß im beheizten

Wohnzimmer entspannt auf dem Sofa und blätterte in dem illustrierten Band herum. »Was hast du denn da?«, fragte ich ein wenig besorgt. Meine Frau lässt sich von solchen Bildbänden allzu leicht beeindrucken und plant dann Ähnliches für zu Hause. Dabei weiß man doch, dass die Bilder in solchen Büchern nie der Realität entsprechen, ja, es gar nicht können. Oder haben Sie schon mal erlebt, dass irgendetwas, das Sie selbst in der Küche zubereiten, so aussieht wie in einem Hochglanzfolianten? Und sei es auch nur ein Käsebrot? Meine Frau blätterte und blieb an Beispiel Nummer 25 hängen, »The Jungle Garden« in Norwich. »Schau mal«, forderte sie mich auf. Ich war schockiert. Die Bilder zeigten einen Garten, der aussah, als könne man am Rand der Terrasse ohne großen Aufwand das Vietnamkriegsdrama »Apocalypse Now« nachstellen. Oder schlimmer: »Jurassic Park«. Palmen, Bambus, Farn, sogar Bananen wucherten dort wie wild. Irgendwo thronte ein Baumhaus. »Toll«, sagte meine Frau, die davon träumte, einmal in unserem Garten eine Hängematte aufspannen zu können, und zwar zwischen zwei Palmen. Ich hielt das für Unsinn, traute es mich bloß nicht zu sagen und begnügte mich deshalb erst einmal mit einem »Hm«. Das schien nicht zu reichen, meine Frau guckte weiterhin verzückt auf den englischen Dschungel.

»Schon einmal etwas von der Berner Konvention gehört?«, warf ich ein wenig strenger ein, »zum Erhalt der europäischen Wildpflanzen. Man darf hier nicht pflanzen, wie man will!«

»Das ist ein englischer Garten!« Meine Frau tippte auf ihr Buch, »England liegt in Europa.«

Stimmt natürlich. Ich gab zu bedenken, dass das Klima auf der Insel nun einmal viel milder sei als bei uns, weshalb junge Engländerinnen auch schon im Februar im bauchfreien Tanktop durch Londons Hyde Park flanieren – was hierzulande doch niemand machen würde. Jedenfalls nicht um diese Jahreszeit. Meine Frau guckte ein wenig komisch, fragte, was ich denn über bauchfreie Tanktops im Londoner Hyde Park wüsste, ging ansonsten auf meine Argumente aber nicht weiter ein.

Ein paar Tage später kam sie mit den Worten nach Hause: »Schau mal, was ich in der Resterampe gefunden habe.« Resterampe war unser interner Ausdruck für die traurigste Ecke in der Gartenabteilung unseres nächstgelegenen Baumarktes, wir nennen die so wegen der Ladenhüter, die dort ihre allerletzte Chance bekommen. Meine Frau hat schon allerhand von dort angeschleppt: Eine abgeknickte Amaryllis, die wie tot über den Topfrand hing, dafür aber sehr preiswert war. Oder die vertrocknete Glockenblume für zwei statt vier Euro, von der meine Frau felsenfest überzeugt war, »die wird wieder«. Nun hatte sie dort eine Trachycarpus fortunei gefunden. »War extrem günstig«, behauptete sie, ohne sich in Einzelheiten zu verlieren. Trachycarpus fortunei fand einen geschützten Platz im Lichtschacht vor dem Kellerfenster, dort sollte sie auf den Frühling warten.

Im Frühjahr lebte die Hanfpalme gegen meine Erwartung immer noch. Mir fiel die Aufgabe zu, den Kübel aus seinem geschützten Lichtschacht zu heben. War nicht leicht, zumal ich nicht recht wusste, wo ich das Ding anfassen sollte. »Auf keinen Fall am Stamm«, rief meine Frau. Meinen Einwand, dass man sich bei so etwas leicht einen Bandscheibenvorfall holen könnte, ließ sie nicht gelten. Vielleicht war ich deshalb ein wenig aufgebrachter als nötig und sagte, dass die Palme einfach nicht in unseren Garten passe. Eine Erle, schön, meinetwegen. Eine Birke, auf jeden Fall, Nussbaum, habe ich nichts dagegen, im Gegenteil. Aber eine Hanfpalme, was soll das? »Rassist«, schmetterte mir meine Frau entgegen, beschuldigte mich der botanischen Fremdenfeindlichkeit und lobte stattdessen die Vorzüge unseres neuen Mitbewohners. »Sehr rustikale Palme«, stand auf dem Beipackzettel, »passt sich leicht an alle Umweltbedingungen an, ist aber nicht für Innenräume geeignet.« Ich fand, dass in der Formulierung »passt sich leicht an alle Umweltbedingungen an« durchaus auch etwas Bedrohliches mitschwang. Vielleicht ist diese Palme tatsächlich im Stande, hier heimisch zu werden? Ich zog Erkundigungen ein und stellte fest, dass Trachycarpus fortunei ursprünglich aus Südostasien stammt und dort sogar noch in Höhen von zweitausendfünfhundert Metern gedeiht, weshalb sie Temperaturen bis zu minus 17 Grad aushalten könne. »Hast du schon mal von Ailanthus gehört, dem Drüsigen Götterbaum?«, fragte ich meine Frau. Ailanthus ist auch einer dieser erfolgreichen Einwanderer, kommt aus China, ist total anspruchslos und dabei ziemlich clever. Er verbreitet seinen Samen mit Hilfe eines kleinen Propellers. Das tut der heimische Ahorn auch, aber der hat nur einen Flügel. Ailanthus hat zwei und fliegt deshalb gleich zehn Kilometer weit. »Dieser chinesische Götterbaum ist eine Plage«, unternahm ich noch einen Versuch, mögliches Unheil abzuwenden, »dem reicht eine Ritze in der Hauswand. Im ersten Jahr wächst er einen Meter, im zweiten sprengt er das Pflaster.« Mitgerissen von meinem eigenen Vortrag stellte ich mir schon vor, wie sich in unserem Garten ein undurchdringlicher Hanfpalmenwald ausbreitete, dem man nur noch mit der Machete beikommen würde. Meine Frau warf mir erneut Fremdenfeindlichkeit vor. Ausgerechnet. Ich bin doch die Toleranz in Person, fand aber trotzdem, dass eine Palme nicht in unseren Garten gehörte. Ich meine, eine Hängematte kann man doch ebenso gut zwischen zwei Birken aufhängen.

Tatsächlich entwickelte sich die Palme über den Sommer hinweg prächtig. Den Winter überstand sie ohne große Blessuren – war aber auch ein besonders milder Winter. Wahrscheinlich wegen des Klimawandels. Und entgegen meiner Befürchtungen sah es auch nicht so aus, als ob Trachycarpus sich irgendwie zu einer Bedrohung für den Rest des Gartens auswachsen würde. Jetzt ging meine Frau aufs Ganze, besorgte noch eine Palme und stellte sie in Hängemattenentfernung an den Terrassenrand. »Damit die später so bleiben kann«, sagte sie, »ausgewachsen wird die ja bestimmt ziemlich schwer.« Siggi, unser Nachbar nach hinten raus, beobachtete das Treiben und stellte mich am Gartenzaun, als ich gerade den Fahrradschuppen verließ. »Palme«, sagte er, »schick.« Siggi verbrachte jedes Jahr fünf Winterwochen in Südostasien, »aber meinst du, die überlebt den Winter?« Einmal mehr ging er mir mit seinen Geschichten von irgendeiner thailändischen Traumstrandinsel auf die Nerven, was die da für Palmen hätten, riesig, derart groß würden die ja hier nie, und überhaupt, wie warm das da unten sei, während wir hier frieren würden. »Muss man sich natürlich leisten können«, fügte er unnötigerweise hinzu. Siggi wusste natürlich, dass wir unseren letzten Winterurlaub in einem Indoorbadeparadies in der Lüneburger Heide verbracht hatten. Unter Kübelpalmen übrigens. Den Kindern hatte es dort gefallen.

»Ist eine Hanfpalme«, sagte ich, »die gedeiht sogar im Himalaya-Vorgebirge. Ganz besonders zähes Teil.«

»Hanfpalme?«, fragte Siggi, »ist das was mit Drogen?«

Für einen kurzen Moment dachte ich daran, ihn ein wenig zu provozieren und »ja« zu sagen, verkniff mir das dann aber, weil ich befürchtete, Siggi würde das in einer noch dramatischeren Version Herrn Bergmann erzählen (»Wussten Sie eigentlich, dass Ihre Nachbarn da auf der Terrasse eine Hanf-Plantage haben?«). Herr Bergmann war seit dem Ligusterheckenzwischenfall weiterhin nicht gut auf mich zu sprechen. Wahrscheinlich wartete er nur darauf, mir irgendwelche Scherereien zu machen. Und ich müsste dann irgendeinem Sondereinsatzkommando auf meiner Terrasse erklären, dass die Hanfpalme aber auch gar nichts mit der Hanfpflanze Cannabis zu tun hat.

Im Dezember war meine Frau noch guter Dinge. Vor allem, als sich der Botanische Garten zwei mindestens fünf Meter hohe Hanfpalmen in das große Rundbeet vor dem Eingang gepflanzt hatte. »Siehst du«, sagte meine Frau, »das sind doch Experten im Botanischen Garten, die würden das doch nicht tun, wenn Trachycarpus das nicht vertrüge.« Im Januar setzte Frost ein. Meine Frau bekleidete ihre Palmen mit Kokosmatten und spannte sogar einen Schirm auf, damit von oben nicht so viel Schnee in die Krone fallen konnte. Schließlich bastelte sie ihren Palmen sogar noch eine Art filzige Pudelmütze.

Ich weiß nicht, ob die beiden am Ende erfroren oder im steinharten Boden verdurstet sind. Jedenfalls erlebten wir eine extreme Dauerfrostperiode, die drei Monate anhielt. Danach waren die beiden nicht mehr dieselben. Das heißt, sie waren nicht gleich tot, sahen nur irgendwie ziemlich blass aus, mit einem deutlichen Stich ins Braungrüne. Meine Frau kämpfte freilich weiter, glaubte, die würden erneut kommen, weil zumindest bei einer noch so ein kleiner grüner Wedel oben rausschaute. »Die erholt sich«, sagte sie tapfer.

Auf dem Weg ins Büro fiel mir auf, dass sich auch die beiden Palmen vor dem Botanischen Garten verändert hatten. Sie sahen jetzt nicht mehr aus wie Bäume, sondern eher wie Laternenmasten. Hier galt ebenfalls: Hätte jemand wie Ernesto sie silbern angestrichen, sie hätten nicht mehr so traurig ausgesehen, sich stattdessen besser ins Straßenbild eingefügt. Obwohl auch hier bei einer noch ein kleiner Wedel oben rausschaute.

Eines Tages sah ich dann die Bescherung. Unsere Hanfpalmen lagen leblos vor dem Schuppen, kahl, der Wurzelballen nackt.

»Was ist los?«, fragte ich.

»Sag einfach nichts mehr«, forderte meine Frau.

Was ich tat. Übrigens waren ein paar Wochen später auch die beiden Stämme vor dem Botanischen Garten weg. Später erfuhr ich, dass man sie überhaupt nur ausgepflanzt hatte, weil sie wegen Renovierung ihren Platz im Gewächshaus räumen mussten. Ich sag ja, das mit dem Klimawandel wird gegenwärtig noch überschätzt.

Es war übrigens nicht so, dass wir nun keine Palme mehr hatten. Es gab da noch unsere Yucca. Obwohl, wenn man es genau nimmt, handelt es sich bei der Yucca elephantipes, um die es hier geht, gar nicht wirklich um eine Palme. Tatsächlich gehört sie zur Familie der Spargelgewächse, wie der Spargel, logisch, oder die Agave, ein mexikanischer Landsmann der Yucca. Doch während man aus der Agave Tequila und dem Spargel Spargel machen kann, ist die Yucca eigentlich zu nichts nutze. Ursprünglich in den Trockengebieten Zentralamerikas heimisch hat sie irgendwann den Weg in deutsche Wohnzimmer gefunden, wobei ihre große Zeit die Siebziger- und Achtzigerjahre waren. Vorher, in den Sechzigern, stand der Gummibaum noch allein mit der Grünlilie auf der Wohnzimmeretagere, in den späten Achtzigern und frühen Neunzigern musste die Yucca ihren Platz für den Ficus benjamina räumen, dann kam der Bonsai, bevor die Leute anfingen, sich Ikebana-Arrangements zu basteln und draußen weiße Kieswege aufzuschütten. Auch vorbei, neuerdings züchtet man gerne Gemüse auf der Fensterbank, zum Beispiel eine schmucke Zierpaprika.

Jedenfalls mochte ich die Yucca nicht mehr besonders. Wenn sich zum Beispiel neben ihr die Zeitschriften stapelten, fühlte ich mich immer wie im Wartezimmer bei einem Arzt, der nicht mehr ganz mit der Mode geht. Tatsächlich hätte ich Bedenken, mich dort röntgen zu lassen, wenn da eine Yucca im Flur steht, weil das Gerät dann vielleicht nicht mehr zeitgemäß ist.

Und doch halte ich an ihr fest. Diese Yucca begleitet mich seit meiner allerersten Wohnung. Ich weiß noch, wie mein großer Bruder sie beim Umzug in die zweite Wohnung vom Tisch gefegt hatte. Dabei brach sie sich den Hals und war fortan vollkommen kahl. Weshalb ich sie in der neuen Wohnung erst mal in die Ecke stellte, zu den Dingen, bei denen ich mir nicht sicher war, warum ich sie überhaupt mitgenommen hatte. Und was soll ich sagen? Sie bekam neue Triebe, gedieh ganz prächtig, und danach überlebte sie alle. Wir hatten ja auch mal einen Ficus. Wenn man nicht aufpasste, war bei dem eigentlich ständig Herbst. Ich meine, wer will schon auf dem Weg zum Sofa über raschelnde Blätter gehen? Der Ficus verließ uns. Dann hatte meine Frau eine Aloe vera. Ich finde den Namen ja ein bisschen esoterisch, soll aber gesund sein. Was allein noch kein Grund für einen Fensterplatz ist. Die Grünlilie galt auch mal als gesund. Sie konnte angeblich sogar Formaldehyd verdauen, das in den Siebzigerjahren reichlich aus den Spanplattenmöbeln dampfte. Ich mochte die Aloe vera trotzdem nicht, ich finde, sie sieht irgendwie obszön aus mit ihren fleischigen Blättern.

Unsere Yucca aber, die hat mit mir schon vier Umzüge mitgemacht. Wenn ich es mir genau überlege, sind ohnehin nur sehr wenige Dinge geblieben, die mich von Beginn an begleitet haben. Ich wüsste nicht einmal mehr auf Anhieb zu sagen, ob mein alter Teddy noch da ist. Ich glaube nicht. Und wie dankt mir die Yucca meine Treue? Sie wird groß und größer. Das ist ein Problem, weil die Yucca nur deshalb so gedeiht, weil wir sie jedes Frühjahr auf die Terrasse rücken. Und im Herbst kommt sie wieder rein. Was von Jahr zu Jahr schwerer wird. Weshalb ich von Jahr zu Jahr länger zögere, sie wieder hineinzuholen. Was passiert, wenn man zu lange wartet, konnten wir an Yuccas kleinem Bruder studieren, der noch ein wenig exponierter auf der Terrasse stand. Erst nahm er die Farbe von matschigem Spinat an, dann ließ er die Blätter ein bisschen mehr hängen als ohnehin. Mit anderen Worten, unsere Yucca hätte draußen keine Chance. Drinnen aber kratzt sie inzwischen schon an der Decke.

Und dann sehe ich mich wieder, jung und unschuldig, wie ich im Schatten dieser Yucca, damals stand sie noch auf meiner Schreibtischplatte, an meiner ersten Examensarbeit schrieb. Und ich bilde mir ein, sie sogar zu hören, wie sie ruft: »Hol mich rein, hol mich rein.« Was soll man da machen? Sie draußen erfrieren lassen? Natürlich nicht.

Ich will aber daraus keinen Präzedenzfall machen, meine Frau schon. Sie hatte nach dem Fiasko mit der Hanfpalme ja nicht aufgegeben, unserem Garten etwas Mediterranes einzuhauchen. Ihr nächstes Projekt war, ihn in eine Plantage zu verwandeln. Genauer, in eine Bananenplantage. Ich weiß nicht, ob es Kalkül war, aber natürlich wusste sie um meinen Wunsch, dem Garten irgendetwas Nützliches abzugewinnen. Das war der Köder. »Bananen«, sagte sie, »sind ja sehr nahrhaft.« Nun, mich erinnern sie eigentlich mehr an Tage, wo es mir nicht gut ging. Dann gab es bei uns zu Hause Bananen, gern gequetscht, meine Mutter glaubte, es gebe nichts Besseres für kranke Kinder. Außer Hühnersuppe vielleicht. Ich finde ja gequetschte Bananen nicht so attraktiv, rein optisch betrachtet, aber eine Bananenplantage fand ich erst einmal nicht grundsätzlich schlecht. Vielleicht hätte ich auch über eine Kokospalme mit mir reden lassen. Ich zog also Erkundigungen über die Banane ein.

Wussten Sie, dass praktisch alle Plantagenbananen in unseren Supermärkten von der Sorte Cavendish sind? Bis in die Sechzigerjahre gab es dort nur die Sorte Gros Michel, bis die Panamakrankheit, ein Pilz, deren Bestände weltweit ausrottete. Seitdem setzt die Bananenindustrie ausschließlich auf Cavendish. Aber weil alle Cavendish genetisch vom gleichen Stamm sind, könnte eine Krankheit auch dieser Monokultur ein Ende bereiten. Tatsächlich ist eine Variante der Panamakrankheit bereits aufgetaucht und hat die Plantagen in Südostasien und Australien dezimiert. Wissenschaftler forschen intensiv an einem Nachfolger für Cavendish, erste Erfolge sind zu verzeichnen, selbst wenn die dem Vernehmen nach mehr nach Apfel als nach Banane schmecken sollen. Was blöd wäre, Äpfel gibt es ja schon. Sollte der neue Panamapilz sich auch in Zentral- und Südamerika ausbreiten, könnte das das Ende der Banane, wie wir sie kennen, bedeuten!

Was wiederum traurig wäre. Denn es stimmt ja wirklich, Banane ist gut für empfindliche Mägen. Siggi staunte jedenfalls nicht schlecht, als ich ihm das erzählte. Wir malten uns aus, nur einmal angenommen, es gelänge, eine Banane in unseren Gärten zu kultivieren, die sogar Früchte abwirft, wie das unsere Position in der Nachbarschaft im Falle einer weltweiten Bananenkrise stärken würde. »Halt mich auf dem Laufenden«, sagte Siggi, »ob das klappt mit der Banane.«

Den Sommer über lief es ganz gut. Dann kam der erste Frost. »Auf einen frühen Frost folgt ein milder Winter«, sagte meine Frau und behauptete, dabei handele es sich um eine alte Bauernregel, die sie von Onkel Rudolf habe. Onkel Rudolf, muss man dazu wissen, hat Zeit seines Lebens in einer Mietwohnung gelebt. Ideen hatte er ja. Um Strom zu sparen, ging er immer mit einer Kerze aufs Klo, damit der Ventilator nicht ansprang, der mit dem Lichtschalter gekoppelt war. Seine einzige landwirtschaftliche Erfahrung basiert meines Wissens darauf, dass er regelmäßiger Gast bei der sonntäglichen Kaffeetafel in der Laube meiner Schwiegereltern war und sich dort mit Pflaumenkuchen vollstopfte. Allerdings wurde Onkel Rudolf an die hundert, weshalb sich seine frühen Jahre im Dunkel der Geschichte verlieren. Vielleicht war da mal was mit Landwirtschaft? Trotzdem glaube ich, dass sich meine Frau diese Bauernregel selbst zusammengereimt hatte. Jedenfalls wurde ihre Stimmung mit dem anhaltenden Frost immer verbiesterter. Nun, die Banane schaffte es auch nicht.

Siggi sagte, es sei ihm von vornherein klar gewesen, dass das nichts werden könne. Schließlich gebe es ja in Deutschland gar keine Bananenplantagen. »Stimmt«, pflichtete ich ihm bei, »aber Apfelsinen kann man hier schon anbauen.« Und zwar schon ziemlich lange. Es gibt doch praktisch kein Schloss des 17. Jahrhunderts ohne Orangerie. Der Trick bestand darin, einfach ein vernünftiges Winterquartier vorhalten zu können, in das man die kleinen Bäume bei Bedarf bringen konnte. André Le Nôtre, das ist der berühmte französische Gärtner, nicht zu verwechseln mit Gaston Lenôtre, dem berühmten französischen Bäckermeister, erfand zu diesem Zweck vor dreihundertfünfzig Jahren eigens den Pflanzenkübel-Wagen. Le Nôtre war der Schöpfer des barocken Schlossparks von Versailles, eine ausgedehnte Anlage. Die Kübel mit den sensiblen Bäumchen jedes Mal ins Winterquartier zu tragen, war natürlich eine elende Plackerei. Deshalb die glänzende Idee mit dem Pflanzkübel-Wagen. Ich entwarf etwas Vergleichbares, das von Ferne an ein Skateboard erinnerte, nur eben quadratisch war, und platzierte es unter der Yucca. Prima Idee, nur leider blieb da eine Stufe ins Haus zu überwinden. Meine Frau dachte derweil über ein Gewächshaus nach. Inspirieren ließ sie sich nicht von Versailles und seiner Orangerie, sondern von der benachbarten Laubenkolonie. Sie zeigte mir denn auch ein paar entsprechende Modelle. Im Grunde ähneln sie sich alle, sie bestehen in der Regel aus einer Art Plexiglas, das binnen Kurzem die Farbe von milchigem Zahnstein annimmt. So etwas wollte ich auf keinen Fall im Garten haben. Ich dagegen entdeckte in einem Gartencenter eine aufblasbare Lösung. Keine schlechte Idee. Im Winter sind die empfindlichen Pflanzen in Sicherheit, im Sommer lässt man die Luft raus und verstaut das Ding im Keller. Dann erinnerte ich mich an unser temporäres Klettergerüst aus Plastikröhren zum Zusammenstecken. Das war derart umständlich, dass ich es erst abbaute, als die Kleine fünfzehn und seit drei Jahren nicht mehr geklettert war. Außerdem kostet ein vernünftiges Gewächshaus zum Aufblasen um die vierhundert Euro. Ich verwarf den Gedanken wieder und versprach meiner immer noch um ihre Banane trauernden Frau, sie hätte noch einen Versuch frei. Und ich würde ihr helfen, die Töpfe ins Winterquartier zu tragen. Auserkoren hatten wir einen Platz im Haus: unter dem schrägen Dachfenster nämlich. Dort war es hell, frostsicher, aber auch nicht zu warm. Perfekt also.

Diesmal fuhr sie eine Doppelstrategie: Sie brachte einen Olivenbaum mit und eine Dattelpalme.

»Hatte ich nicht von einer letzten Chance gesprochen? Das sind zwei«, zählte ich mit unwiderlegbarer Logik zusammen.

»Ja«, entgegnete meine Frau, »die Dattelpalme ist aber mehr für dich. Du wolltest doch was mit Obst. Und der Olivenbaum ist für meine Mutter, also, zumindest indirekt.«

Direkt war es so, dass wir meiner Schwiegermutter einen Olivenbaum geschenkt hatten. Meine Schwiegermutter mag es auch sehr mediterran. Zum Sechzigsten hatten wir ihr eine Reise nach Rom geschenkt, so etwas kann man ja nicht jedes Jahr machen. Deshalb gab es diesmal einen Olivenbaum. Mit echten Oliven dran. Wenn man sich davorlegte und schräg nach oben guckte, hatte das schon etwas Mediterranes.

Ein Olivenbaum kann tausend Jahre alt werden, so gesehen handelt es sich um ein Geschenk für die Ewigkeit, vorausgesetzt, man macht alles richtig. Der Baum, den wir für sie ausgesucht hatten, hing wirklich voller Oliven. Die Frage würde sein, ob er dieses Kunststück würde wiederholen können. In den einschlägigen Internetforen findet man reichlich Oliven-Enttäuschte, die ebenfalls ein Exemplar erworben hatten, das eine ausgezeichnete Ernte versprach, im nächsten Jahr aber blieben die Äste kahl.

Von nichts kommt nichts. Wichtigste Voraussetzung für die erfolgreiche Olivenernte ist natürlich ein sonniger Platz, und zwar im Freien. Wer sollte den Baum in der Wohnung schon befruchten? Obwohl es da Experten gibt, die behaupten, es reiche aus, den blühenden Baum ordentlich zu schütteln und auf diese Weise eine Windbestäubung zu simulieren. Tatsächlich handelt es sich beim Olivenbaum um einen Zwitter, der keinen Geschlechtspartner benötigt. Einhäusig nennt man das in Fachkreisen. Theoretisch könnte man auch mit dem Pinsel nachhelfen. Oder mit dem Föhn, um mal einen richtigen kleinen Sturm zu inszenieren. Dummerweise gibt es aber Olivenbäume, die sind keine Selbstbefruchter. Die brauchen einen Partner. Den Unterschied erkennen wahrscheinlich nur italienische Olivenbauern. Außerdem locken auch bei Selbstbefruchtern zwei Bäume mehr Bienen an als einer. Weshalb Obstbäume, die beim Bauern in dichten Reihen stehen, mehr Früchte tragen als der arme Tropf, der einsam im heimischen Garten vor sich hin blüht. Den anzufliegen, denkt sich wahrscheinlich manche Biene, lohnt eigentlich nicht der Mühe.

Kurz, aus diesen Erwägungen heraus hatte meine Frau einfach noch einen Baum gekauft, für uns. Wenn es so weit sei, würde sie den samt Kübel ins Auto verfrachten und zu ihrer Mutter bringen. Da könnten die beiden während der Blüte ein wenig beieinanderstehen. Vorausgesetzt, unsere Bäume verstehen sich gut und blühen zur selben Zeit.

»Was für ein Unsinn«, entfuhr es mir, »warum schenken wir ihr nicht gleich zwei Bäume?«

»Wie sieht das denn aus«, konterte meine Frau, »als ob uns ein Baum zu popelig vorgekommen sei und wir deshalb noch einen obendrauflegen würden.«

So kamen wir also zu dem Olivenbaum. Phoenix roebelenii oder kurz, die Dattelpalme, war nur Beifang, sozusagen ein letzter Palmenversuch.

In der Blütezeit brachte meine Frau den Olivenbaum tatsächlich zu ihrer Mutter. Da blieb er dann allerdings erst einmal, weil sie ihn schlichtweg vergaß.

Die Dattelpalme vergaß sie erst einmal nicht. Als die Nächte kühler wurden, trug ich sie, wie verabredet, nach oben. War wieder mal eine schöne Schufterei. Jedenfalls musste ich mir am nächsten Tag ein Wärmepflaster besorgen, weil ich es im Kreuz hatte. Dann aber galt auch für die Dattelpalme, aus dem Auge, aus dem Sinn. Wir vergaßen sie beide.

Dattelpalmen, heißt es in unserem Pflanzenratgeber, wachsen normalerweise auf semiariden, also halbtrockenen Standorten. Auf den Kanarischen Inseln zum Beispiel oder im südlichen Mittelmeerraum. Dort schätzen sie es, wenn ein Wasserlauf in der Nähe ist. Man kennt die Bilder von palmenumsäumten Oasen. In unserem Dachgeschoss gibt es keinen Wasserlauf. Der Standort ist zwar vergleichsweise hell, aber mehr als semiarid. Weshalb die Dattelpalme, als ich sie irgendwann durch Zufall einmal wiedersah, einen irgendwie mumifizierten Eindruck machte. Sie hatte immer noch ihre fedrigen Wedel, aber ich mochte sie nicht berühren, aus Angst, mir an den inzwischen holzigen Blättern einen Splitter einzureißen. Mir kamen große Zweifel, ob sich die Palme in der Freiheit des Gartens wieder erholen würde. Leider erwiesen sich diese Zweifel als allzu berechtigt.

Bleibt nachzutragen, dass uns Schwiegermutter im nächsten Jahr aufforderte, unseren Olivenbaum wieder abzuholen. Sie habe einfach keinen Platz, gleich zwei Bäume bei sich überwintern zu lassen. Natürlich trug ihr Baum auch im nächsten Jahr Oliven. Unserer nicht. Ich vermute mal, er hatte gar kein Geschlecht. Jedenfalls hat das Interesse an exotischen Gartenpflanzen bei meiner Frau inzwischen deutlich nachgelassen.

7
Ich wäre so gern
ein Farmer

Eine meiner schönsten Kindheitserinnerungen sind die grünen Bohnen, die meine Mutter selbst gezogen hat. Selten habe ich seitdem wieder etwas Köstlicheres gegessen. Das heißt, die Pfirsiche, die wir damals hatten, waren auch nicht schlecht. Es war nur ein einziger Baum, und er stand ein wenig abseits zwischen der Garage und dem Nachbargrundstück. Eine unbeachtete Randlage also, niemand scherte sich um den nicht besonders großen Baum. Außer mir. Jedes Jahr trug er nicht mehr als zehn Früchte, da hieß es schnell sein. Ich belauerte den Baum regelmäßig, wenn sich abzeichnete, es würde bald so weit sein. Jede einzelne seiner wenigen Früchte war riesig, jedenfalls in meiner Erinnerung. Und sie hatten nichts gemein mit den druckfesten Kugeln, die heute im Supermarkt als Pfirsich verkauft werden.

Ich mochte auch die Kirschen, süße wie saure, die wir damals hatten, und die Haselnüsse, die am Strauch neben der Mülltonne wuchsen. Wenn ich es mir recht überlege, schmeckte alles großartig, was wir selbst ernteten. So etwas wollte ich irgendwann wieder haben. Doch wie schon erwähnt, träumte meine Frau von einem blühenden Paradies. Und in den englischen Landschaftsgärten, für die sie sich neuerdings interessierte, kam Obst gar nicht vor, Gemüse auch nicht, allenfalls ein paar Küchenkräuter.

Küchenkräuter, davon bin ich ebenfalls ein großer Fan. Wofür hat man schließlich einen Garten? Für frische Kräuter eben. Weil die doch auf der Fensterbank nie lange durchhalten. Eines der großen Mysterien unserer Zeit: Man kauft sich im Supermarkt einen Topf Basilikum, erntet die Hälfte und lässt den Rest auf der Fensterbank stehen. Es wird nicht lange dauern, dann kräuseln sich die Blätter, und wenn man wieder welchen braucht, ist er längst vertrocknet. Wahrscheinlich hängt es damit zusammen, dass die Kräuter am Fenster zu viel oder zu wenig Sonne kriegen. Was die Sache nicht leichter macht, denn Rosmarin, Thymian, Salbei und Oregano hätten gern die Südlage, Petersilie, Liebstöckel, Schnittlauch und Basilikum haben es lieber schattig. Da man ein Haus aber nicht ständig drehen kann, hat man es im Garten etwas leichter, den geeigneten Standort zu suchen. Ich finde, Kräuter werden als Gartenpflanze immer noch viel zu gering geschätzt, nur weil sie so unscheinbar aussehen. Das war nicht immer so, Kaiser Karl der Große gab es den Seinen vor mehr als tausend Jahren sogar schriftlich. In einem der ältesten Gartenbücher überhaupt, dem »Capitulare de Villis«, wurde angeordnet, was Karl auf seinen Gütern wachsen sehen wollte: Kümmel, Bärwurz, Petersilie, Estragon und Fenchel, um nur einmal ein paar zu nennen. Und zwischen all den Kräutern durfte auch mal eine Schwertlilie stehen oder eine Ringelblume.

Nicht auf der Liste hatte der große Karl den Rosenkohl. Vermutlich, weil es ihn vor tausend Jahren noch nicht gab. Wobei, sicher ist das nicht, sowohl die antiken Griechen als auch die Römer kannten natürlich Kohl. Von Aristoteles heißt es, er habe das Gemüse roh gegessen. Vor allem wenn er zu viel getrunken hatte, galt ihm Kohl als probates Katermittel. Und Karl kannte selbstverständlich ebenfalls

»caulus«, den Kohl. Rosenkohl ist jedoch eine späte Züchtung, erstmals für das 16. Jahrhundert im heutigen Belgien schriftlich nachgewiesen, weshalb er auf Französisch auch choux de Bruxelles und auf Englisch Brussels sprout heißt, Brüsseler Kohl eben. Ich finde Rosenkohl lecker, eines der leckersten Wintergemüse überhaupt. Leider habe ich das in unserer Familie exklusiv, keiner außer mir mag Rosenkohl. Schade, ich hätte so gern welchen im Garten. Der Rosenkohl ist auch ein gutes Beispiel dafür, was Pflanzen zu leisten imstande sind. Er kann nämlich um Hilfe rufen. Das hat Monika Hilker, Biologin an der Freien Universität Berlin, nachgewiesen.

Wie der Wissenschaftsjournalist Marcus Anhäuser in einem Kongressbericht für die Max-Planck-Gesellschaft einmal sehr schön beschrieben hat, sind Gärten Schauplatz eines beinharten Konkurrenzkampfes, von dem wir bloß nicht viel mitkriegen, wenn wir darin herumstehen. Weil wir die Signale gar nicht oder falsch verstehen. Den betörenden Duft verströmen Blumen ja nicht, um uns zu gefallen oder wenigstens nicht nur. Er ist neben bunten Farben eines ihrer wichtigsten und schnellsten Kommunikationsmittel. Man stelle sich vor, die Pflanze würde stattdessen einen schrillen Signalton aussenden, wenn sie von der Blattlaus attackiert wird. Oder meinetwegen auch nur um Hilfe rufen. Der Garten wäre keine Idylle mehr, sondern ein höllisches Inferno. Die bereits erwähnte Limabohne schreit aber nicht, sie produziert kleine Nektartropfen, wenn sie von Blattläusen angeknabbert wird. Der süße Nektarduft lockt Ameisen an, die sich über die Angreifer hermachen, der Nektar ist ihnen Belohnung zum Dessert. Der Rosenkohl ist noch ein bisschen schlauer. Er bekämpft die feindliche Brut, bevor sie schlüpfen kann. Der Rosenkohl registriert den Klebstoff, wenn Parasiten damit ihre Eier an den Blättern befestigen. Er produziert daraufhin einen Duftstoff, der seinerseits winzige Schlupfwespen anlockt, die nun die Eier der Angreifer als lebende Brutkästen für den eigenen Nachwuchs nutzen. Diese Arbeitsteilung hat Schlupfwespen der Gattung Encarsia einen Job in der ökologischen Landwirtschaft beschert, sie werden eigens zu diesem Zweck gezüchtet. Ob das auch für den heimischen Garten geht, weiß ich allerdings nicht. Ich bin da ein wenig skeptisch. Wir waren einmal auf einem französischen Campingplatz, auf dem man sich etwas ganz Besonderes einfallen ließ, um einer Blattlausplage Herr zu werden. Weil der Patron auf seinem voll belegten Platz kein Insektengift versprühen wollte oder durfte, orderte er eine Tonne Marienkäfer, die sich offenbar recht erfolgreich über die Läuse hermachten. Jedenfalls sahen die Büsche ganz okay aus. Dafür waren immer noch die Marienkäfer da, Massen von Marienkäfern. Sie drangen in jede Ritze, in Augen, Nasen und Ohren. Eigentlich hatte man nur am Strand einigermaßen Ruhe, bei ablandigem Wind. Dann trieben die Marienkäferschwaden hinaus aufs Meer. Seitdem stehe ich dem ökologischen Landbau zwar weiterhin wohlwollend gegenüber, habe mir aber eine gewisse Skepsis bewahrt. Trotzdem, ich würde es vielleicht mit der Schlupfwespe riskieren, sie soll ja wirklich sehr klein sein, viel kleiner als ein Marienkäfer, Voraussetzung wäre allerdings, dass man mir den Anbau von Rosenkohl gestattet.

Aber kein Thymian und kein Rosenkohl wiegen einen eigenen Obstbaum auf. Immerhin blühen Apfel oder Kirsche im Frühjahr recht hübsch, ich könnte sie meiner Frau also als eine Art Ziergewächs verkaufen. Allerdings gab es da den bereits benannten Präzedenzfall. Diesen Pflaumenbaum, den uns unsere Freunde Tom und Dorit zum Einzug schenkten, bei dem es am Standort und am Hochstamm haperte, viel zu groß dimensioniert. Wie gesagt, er trug nicht, und aus Platzgründen mussten wir ihn wieder abgeben. Ich musste mich erst einmal mit den Walderdbeeren trösten, die uns Tom und Dorit ebenfalls mitgebracht hatten. Die hielten sich sogar neben der Kiefer, die wir damals noch hatten und in ihrem Schatten kaum etwas zuließ. Walderdbeeren sind die besten Erdbeeren, die es gibt. Nichts, was es in der Obst- und Gemüseabteilung eines Supermarktes zu kaufen gibt, kommt dem Aroma von Walderdbeeren auch nur nahe. Leider sind die Früchte zwar zahlreich, aber winzig, was sie im Ergebnis, ähnlich dem Pfirsich in meiner Erinnerung, umso kostbarer macht. Keine Ahnung, wo Tom und Dorit die herhatten, vielleicht im Wald ausgegraben? Falls ja, dürfte die Lücke, die sie dort hinterlassen hatten, nicht sehr groß und schon bald wieder geschlossen gewesen sein, denn unsere Walderdbeeren vermehrten sich wie wild. Ich fragte mich, wie die das machen, weil, im Wald hilft ihnen ja auch keiner. Mein Rechercheergebnis war schockierend.

Walderdbeeren in freier Wildbahn lassen sich nämlich von Tieren fressen, die dann die kleinen Körnchen, die auf den Erdbeeren sitzen, wieder ausscheiden. Übrigens handelt es sich bei diesen Nüsschen um die eigentliche Frucht, der Rest ist eigentlich nur schmückendes Beiwerk. Egal, ich dachte natürlich sofort an den alten Fuchs, der bei uns ab und an auftauchte. Der arme Kerl humpelte mehr schlecht als recht auf drei Beinen, das vierte schien ihm nicht mehr zu gehorchen, was ihn nicht gerade zum erfolgreichen Jäger prädestinierte. Wahrscheinlich ernährte er sich vorzugsweise von unseren Erdbeeren. Und räudig, wie er aussah, war das bedauernswerte Tier womöglich krank. Mir fiel der

Fuchsbandwurm ein, dem man nachsagt, im menschlichen Körper furchtbare Verheerungen anzurichten. Ich stellte mir also vor, wie der Fuchs durch unseren Garten strolchte und alles, was da in Bodennähe wucherte, mit seinem Bandwurm kontaminierte. Als Sofortmaßnahme verbot ich den Kindern, von unseren Früchten da draußen zu naschen. Manche Tricks der Natur will man eigentlich gar nicht kennen.

Mir war also ein wenig der Appetit vergangen, sodass ich nur ungenügenden Widerstand leistete, als unser Baumfäller in den Erdbeeren stand, während er den Kiefernstumpf mit seiner Kettensäge malträtierte. Die sonst so zähen Erdbeeren erholten sich von dieser Aktion nicht mehr. Nun hatten wir gar kein Obst mehr. Wie zum Hohn bewarf uns im Herbst Bergmanns Mirabellenbaum schon wieder mit seinen Früchten. Sie lagen überall, in den Beeten, auf dem Rasen, vor dem Schuppen. Plattgedrückt verströmten sie ihr süßes, schweres Aroma. Ich stellte mir vor, der Fuchs würde auch davon fressen. Dürfte schon nüchtern schwer genug für ihn sein, auf drei Beinen laufen zu müssen. Allerdings ließ sich er sich nur noch selten blicken, seit wir den Hund hatten. Frustriert fummelte ich wieder an meiner Teleskopsäge rum, aber meine Frau ließ mich nicht.

In dieser Situation machte uns Onkel Alfred ein Geschenk. Onkel Alfred war eigentlich gar nicht mein Onkel, sondern der Lebensgefährte meiner Mutter, den sie nach dem Tod meines Vaters kennengelernt hatte. Bei dem Geschenk handelte es sich um eine sehr, sehr große Kiste mit Deckel darauf. »Alfred«, sagte ich, »was ist das?«

Alfred war ein echter Naturbursche. Er trug gern Cordhosen mit enorm vielen Taschen und solche Gummiclogs, wie man sie bei Gärtnern öfters sieht. Das heißt, zuweilen trug er auch grobstollige Wanderstiefel, seine zweite Passion war, wie gesagt, das Wandern. Alfred legte dabei enorme Strecken zurück, während seiner Touren brachte er unterwegs kleine Markierungen an für irgendeinen Wanderverein. Manchmal vertat er sich auch, trug die Wanderstiefel statt seiner Gummiclogs im Garten, was meine Frau regelmäßig zur Weißglut brachte, weil dann die Gartenerde in den Ritzen seiner Sohlen hängen blieb, während er unsere überschaubaren Ländereien inspizierte und ihr Ratschläge erteilte. Sie mochte weder seine Ratschläge noch die Erde, die er anschließend bei uns im ganzen Haus verteilte, weil er weiterhin die Wanderstiefel trug. »Fehlt eigentlich nur noch, dass er mir im Treppenhaus einen Wanderweg markiert«, schimpfte sie. Ich spreche von zweiter Passion, denn Alfreds größte Leidenschaft war sein Kleingarten. Ein bisschen wunderte ich mich ja schon, wie meine Mutter und er zueinander hatten finden können, denn mein Vater war so ganz anders gewesen. Alfred trank sogar Brennnessel-Tee. Mein Vater bevorzugte Zeit seines Lebens Cognac, trug niemals Cordhosen, war nie einen Meter zu viel gelaufen, und im Garten sah ich ihn eigentlich nur beim Tischtennisspielen.

Alfred wusste von meinem Wunsch, eigenes Obst zu ernten, und verstand ihn nur zu gut. Er war in West-Berlin während der Berliner Blockade groß geworden, offenbar ein Erlebnis, das ihn nachhaltig geprägt hatte. Stets hatte er einen größeren Konservenvorrat im Keller, lagerte dort Äpfel auf Zeitungspapier, vergaß nie, sie zu wenden, damit sie über den Winter hielten. Außerdem achtete er immer darauf, einen vollen Benzinkanister im Auto zu haben. »Junge, man weiß nie, was kommt«, pflegte er zu sagen. Da hatte er recht, einmal lief ihm nämlich der Kanister im Auto aus, tagelang stank es ganz furchtbar.

Nun enthüllte Alfred in unserem Garten diese Kiste.

»Was ist das?«, fragte ich ein zweites Mal.

»Das ist eine Zauberkiste, die macht aus Abfall Gold«, lautete seine überraschende Antwort. Dann öffnete er den Deckel und erklärte uns, dass wir da unseren Biomüll reinwerfen könnten. Eierschalen, Kaffeesatz, Heckenschnitt, Laub. Und unten käme dann irgendwann reiner Humus raus, feinste Gartenerde also, die helfe selbst schlappen Pflanzen wieder auf und sei praktisch unverzichtbar, wenn man irgendwann einmal Obst ernten wolle.

Nun dachte ich, Dünger kommt zweifelsohne von Dung, was man bei uns zuweilen auch riechen kann, wenn die Bauern aus dem Umland mal ihren Kuhmist an ambitionierte Gärtner in der Nachbarschaft verticken. Ist jedenfalls schon vorgekommen, soll aber gar nicht so gut sein, Pferdeäpfel sind viel besser. Außerdem macht Kuhmist den Garten vorübergehend unbenutzbar. Alfred korrigierte mich: Aus dem Komposter komme kein wirklicher Dünger, sondern hochwertige Gartenerde. Die könne man mit Kuhmist gar nicht vergleichen.

Als ich das Prinzip verstanden hatte, fand ich die Kiste auch faszinierend. Man wirft oben rein, was man nicht mehr braucht, und unten kommt der Humus raus. Donnerwetter, dachte ich und war ganz eigenartig berührt: Der Thermokomposter, das ist doch irgendwie der Kreislauf des Lebens, verdichtet auf eine einen Kubikmeter große, grüne Kiste. Alles vergeht, aber deshalb ist es noch lange nicht vorbei. Denn aus dem alten entsteht ja neues Leben. Mir war richtig spirituell zumute, während ich den Komposter berührte. »Und wo soll der hin?«, riss mich meine Frau aus meinen Gedanken. Wir fanden einen Platz im äußersten Winkel, noch hinter der Hecke. Ich hoffte, die Kiste würde dort möglichst neutral vor sich hin komposten, weil sie schon ziemlich nahe an Siggis Eingangstür stand. Und um erneut auf das Dung-Thema zurückzukommen, es wäre mir schon unangenehm gewesen, wenn da jetzt künftig die Schmeiß-fliegen vor sich hin summten. Das passierte uns nämlich gerade mit Erdmanns, unseren Nachbarn nach vorne raus, die wir eigentlich nie sahen, weil sie sich hinter einer gewal-tigen, meterhohen Eibenhecke verschanzten. Wir rochen sie nur, Erdmanns hatten unmittelbar hinter dieser Hecke einen Komposthaufen angelegt, der vor allem im Sommer streng ausdünstete. Ich fand, Siggi hatte es nicht verdient, dass wir ihm Ähnliches zumuteten. »Aber nein«, beruhig-te mich Alfred, »das ist ja einer der großen Vorzüge des Thermokomposters gegenüber einem Komposthaufen: Ers-tens ist ein Deckel drauf, und zweitens geht alles viel schnel-ler.« Noch mal Donnerwetter: Der Kreislauf des Lebens im schnellen Vorlauf!

So ist das, wenn man einen Garten hat, man fühlt sich der Natur doch gleich viel näher. Wie viel näher, kann man zudem dosieren. Niemand ist gezwungen, seiner Biomasse beim Verrotten zuzusehen. Und so schmissen wir denn vol-ler Vorfreude alles Mögliche in unsere Zauberkiste – Vor-sicht allerdings bei Küchenabfällen, kein Fleisch oder ge-kochte Essensreste, außerdem nicht zu viel Rasenschnitt, hatte mir Alfred mit auf den Weg gegeben. Es würde der Tag kommen, an dem ich unten die Luke öffnete, dessen war ich gewiss, und heraus würde tiefschwarzer Mutterboden quel-len. Damit überließen wir den Thermokomposter erst ein-mal sich selbst, weil er ja doch ein wenig abseits stand.

Ich will an dieser Stelle aus dramaturgischen Gründen mal ein wenig vorgreifen, denn wir ließen dem Thermo-komposter reichlich Zeit, sein Wunderwerk zu vollbringen, zwei Jahre bestimmt. Aber irgendwann kam der Tag, an dem meine Frau sagte: »Schatz, hast du mal in deinen Komposter geguckt?« Im Grunde war es ja unser Komposter, aber weil Alfred im weitesten Sinne aus meinem Teil der Familie stammt, war es für meine Frau »mein Komposter«. Wobei, es ist schon gut möglich, dass sie das irgendwann nicht mehr so gesehen hätte, wenn das Ergebnis anders ausgefallen wäre. »Hmm«, sagte ich, und ich sage oft »Hmm«, wenn ich versuche, erst einmal Zeit zu gewinnen, weil mir schon klar war, dass ich das Ding tatsächlich ein bisschen vernachlässigt hatte.

Vielleicht lag es daran, es war nämlich irgendetwas gründlich schiefgegangen. In unserem Komposter war gar nichts verrottet, im Gegenteil, unser Biomüll hatte sich besser erhalten als ein ägyptischer Pharao. Man konnte noch nach zwei Jahren Einzelheiten sehr gut erkennen, jedes einzelne Blatt, jede Eierschale war perfekt konserviert. Ich wollte nicht zulassen, dass mein Weltbild ins Wanken geriet, von wegen Kreislauf des Lebens, und überantwortete den Inhalt unseres Komposters komplett der Stadtreinigung.

Natürlich fragte Alfred hin und wieder, wie wir denn mit dem Komposter klar kämen? Prima, sagte ich immer wieder, so ein schöner Boden. Aber irgendwann gestand ich das Desaster ein. »Du musst mehr auf die Mischung achten«, erklärte er mir, »ab und an mal umrühren und eventuell ein paar Kompostwürmer einsetzen.« Kompostwürmer! Wo sollte ich die denn herkriegen? Auch dafür wusste Alfred Rat: »Du musst graben, wo es feucht ist.«

Lustlos buddelte ich ein wenig im Modder hinter dem Schuppen rum, dort, wo es bei Regen vom Dach runtertropfte. Keine schöne Arbeit, zumal mich mein schlimmer Finger behinderte, ich hatte mir beim Gemüseraspeln ein kleines Stück abgesäbelt. Im Krankenhaus hatten sie mir erklärt, dass die Küchenreibe zu den gefährlichsten Geräten im Haushalt überhaupt gehörte. Jedenfalls hatten sie mehr Patienten, die sich mit der Küchenreibe schnitten, als solche, die beim Sägen verunglückten.

»Was machst du denn da?« Siggi lehnte sich aus dem Fenster im ersten Stock seines Hauses und beobachtete mich.

»Wonach sieht es denn aus?«, fragte ich.

»Du buddelst«, schallte es von oben. Ich belehrte ihn, dass ich Regenwürmer suchen würde, für den Komposter.

»Mit dem Finger? Bist du verrückt?« Siggi klärte mich darüber auf, dass Gartenerde gesättigt sei mit allen möglichen Mikroorganismen. Es gäbe praktisch nichts Gefährlicheres für einen verwundeten Finger, als mit Gartenerde in Berührung zu kommen. Im Falle einer Infektion sei Amputation noch mein geringstes Problem.

Ich warf die Schippe hin, trottete zur Terrasse und klappte den Laptop auf. Siggi hatte mich beunruhigt, also gab ich »Finger«, »Gartenerde« und »Mikroorganismen« ein. Ich las, dass allein in einer Fingerspitze Gartenerde mehr als eine Million Bakterien lauerten, scrollte schnell weiter und stieß auf einen englischen Artikel, nach dem »Gärten die neuen Fitnessstudios« seien. Überhaupt seien Gärten geeignet, den chronisch unterfinanzierten nationalen Gesundheitsservice auf der Insel zu entlasten. Im Einzelnen wurde auf die förderliche Wirkung selbst angebauten Gemüses verwiesen, außerdem auf das Vitamin D im Sonnenlicht, das man bei der Gartenarbeit automatisch abkriege. Von Gefahren stand da nichts. Ich recherchierte weiter und stieß auf einen Internethändler, der fünfhundert Gramm Kompostwürmer für zwanzig Euro anbot. Es ist schon merkwürdig: In der Natur verrotten die Dinge doch auch, ohne dass da einer Würmer bestellt. Ich stellte mir vor, wie ich meinen schlimmen Finger in unseren Komposter steckte, ohne dass irgendetwas passierte, weil es darin einfach keine Mikroorganismen gab.

Und dann geschah es: Meine Frau schenkte mir einen Kirschbaum. Ich wusste das sehr zu schätzen, war sie selbst doch gegen Kirschen allergisch. Es war auch kein besonders großer Kirschbaum, ehrlich gesagt, sah er sogar ein bisschen mickrig aus. Jedenfalls war er sehr viel kleiner als der Kirschbaum vor meinem Elternhaus, der seine Größe aber auch bitter hatte bezahlen müssen. In den war nämlich einmal ein Blitz eingeschlagen. Der Blitz hatte den Stamm in zwei Hälften geteilt, von denen dann nur noch eine Hälfte trug. Das sah ziemlich bizarr aus, machte mir als Kind zudem ein wenig Angst, im Dunkeln hätte der Baum die Kulisse für einen Edgar-Wallace-Film abgeben können, und ich rechnete eigentlich immer damit, jemand wie Klaus Kinski könnte in der Dämmerung aus seinem Schatten treten. Noch schlimmer war es bei Gewitter. In den zwanzig Jahren, in denen ich dort lebte, schlugen nämlich drei Blitze auf unserem Grundstück ein, ungewöhnlich oft, wie ich fand. Jedenfalls war mir nichts Vergleichbares bekannt. Da die anderen beiden Treffer aber keinen sichtbar bleibenden Schaden anrichteten – abgesehen von der Elektrik, die einmal komplett ausfiel – und ich den Kirschbaum täglich sah, war er für mich so eine Art Menetekel.

Der Kirschbaum, den mir meine Frau schenkte, war ein Kurzstamm, das heißt, er würde nie größer als ich werden. Auch Klaus Kinski hätte ihn wahrscheinlich überragt, und kein Blitz würde ihn je finden, vorher träfe es auf alle Fälle Nachbars Erle. Außerdem brauchte er entsprechend wenig

Platz. Ein Hochstamm etwa kann bis zu zwanzig Meter erreichen und benötigt dann eine Grundfläche von mindestens fünfzig Quadratmetern – damit wäre unser Garten wohl überfordert. Außerdem lassen sich bei unserem Zwerg die Früchte viel leichter ernten, ohne Leiter, ganz bequem vom Boden aus.

Ich habe anfangs ziemlich viel Kult um diesen Baum betrieben, habe ihn sogar mit einem grünen Netz abgedeckt, weil ich nicht bereit war, auch nur eine Kirsche mit irgendeinem Vogel zu teilen. Zugegeben, das mit dem Netz sah albern aus. Stattdessen hätte ich ihn besser stutzen sollen, er hat nämlich eine ziemlich unregelmäßige Krone, was daran liegt, dass ich ihn in seiner Jugend nicht richtig erzogen habe, wie meine Frau sagt. Erziehungsschnitt, das hat sie aus einem Buch für Obstbaumpflege. Tatsächlich habe ich mich nicht wirklich getraut, da allzu viel dran herumzuschneiden. Muss man bei einem Zwergstamm wie unserem auch nicht.

Das war gut, weil ich nach dem Desaster mit dem Thermokomposter ohnehin nicht mehr so recht wusste, wohin mit dem Abfall, der in unserem Garten anfiel. Kommt ja einiges zusammen: Laub, Äste, Rasenschnitt. Ich weiß gar nicht, wo das ganze Zeug in meinem Elternhaus geblieben ist. Wahrscheinlich gab es irgendeine entlegene Ecke, in der das gesammelt wurde. Oder haben wir das damals einfach verbrannt? Ich erinnere mich, dass früher im Herbst immer ein leichter Brandgeruch in der Luft gelegen hatte. Damals habe ich mich nie gefragt, woher dieser für diese Jahreszeit so typische Geruch kam. Vielleicht auch aus einem der zahlreichen Öfen, die es noch gab. Wir selbst hatten so einen altertümlichen Badezimmerofen, bei dem man Feuer unter dem Boiler machen musste, um warmes Wasser zu bekommen. Wahrscheinlicher aber kam der Geruch von dem Laub, das irgendjemand verbrannte.

Wenn es heute bei uns in der Straße nach Rauch riecht, dann wohl von einem der vielen Kaminöfen, die inzwischen in Mode sind, im Garten habe ich jedenfalls schon lange kein Feuer mehr gesehen. »Weil es verboten ist«, wie mir Siggi erklärte, als ich ihn fragte, warum wir unsere Gartenabfälle nicht einfach gemeinsam verbrannten. Für Lagerfeuer gibt es längst die Vorschrift, dass ausschließlich mit naturbelassenem Holz gezündelt werden darf, das mindestens zwei Jahre abgelagert wurde. Alles andere ist ein Verstoß gegen das Kreislaufwirtschaftsgesetz. Danach darf nicht einfach irgendetwas verbrannt werden, Gartenabfälle auch nicht. Es blieb uns also nichts anderes übrig, als die selbst abzufahren. Jedenfalls war klar, wir würden einen Häcksler brauchen, um alles, was wir im Laufe des Gartenjahres irgendwo abschnitten, platzsparend zu zerkleinern. Noch so ein Gerät, von dessen Existenz ich zuvor gar keine Ahnung gehabt hatte.

Der Kirschbaum entwickelte sich ganz passabel. Sobald sich allerdings an den Blättern irgendwelche Läuse zeigten, reagierte ich ziemlich panisch. Was leider jedes Jahr passierte. Ich habe sogar einmal eine Giftspritze gekauft mit dem dazugehörigen Kanister, wenngleich nie zum Einsatz gebracht. In dem Fall würde ich mich nämlich nicht mehr trauen, die Kirschen auch zu essen. Man soll allerdings ebensogut Seifenlauge nehmen können oder Mittel mit Rapsöl, aber wer weiß, wie die Kirschen dann schmecken. Ich habe es mir stattdessen zur Angewohnheit gemacht, die Blätter von Ende April, wenn die Grünperiode beginnt, bis Ende Juni, wenn die Ernte durch ist, regelmäßig zu kontrollieren. Jedes Blatt, auf dem sich kleine schwarze Viecher zeigen, knipse ich sofort ab, geht bei dem kleinen Stamm ja ganz einfach. Diese Radikalkur mag nicht besonders professionell sein, sie hat sich aber tatsächlich bewährt.

In unserer benachbarten Kleingartenkolonie habe ich beobachtet, dass manche ihre Obstbaumstämme mit weißer Kalkfarbe anmalen. Angeblich reflektiert die weiße Farbe auf der fast schwarzen Kirschbaumrinde das Sonnenlicht. Wenn die Tage im Frühjahr länger werden und die Sonneneinstrahlung intensiver, sollen sich auf diese Weise die äußeren, safttragenden Schichten nicht so schnell erwärmen. Der Baum bleibt dann länger winterträge, und die Blüte verzögert sich. Was ganz gut ist, wenn es noch einmal späten Frost gibt. Ich habe auch das gelassen, weil ich nicht will, dass meine Kirsche wie ein Straßenbaum aussieht.

Mag sein, dass mein Kirschbaum bei entsprechendem Engagement ertragreicher geworden wäre. Mehr als sechzig Früchte sind nämlich bisher nicht drin gewesen. Ich weiß das so genau, weil ich sie bei der Ernte immer abzähle, damit es keinen Streit gibt. Schließlich muss ich mit den Kindern teilen. Manchmal legen wir allerdings auch für einen Kuchen zusammen. Dafür reicht es gerade.

Um jedoch eine Familie in Krisenzeiten zu ernähren, ist das natürlich viel zu wenig. Weshalb mich meine Frau schließlich erhörte und mir einen weiteren Obstbaum gestattete. Ich überlegte sehr lange. Ich war mir nicht sicher, ob unser Kirschbaum selbstbefruchtend war oder dazu noch eine zweite Sorte benötigte. Doch selbst wenn, wozu gab es Bienen? Irgendwo in der Nähe würde es schon einen passenden Baum geben. Immerhin hatte unsere Kirsche ja schon getragen. Also wünschte ich mir etwas anderes: Einen Apfelbaum. Ich hatte in der Kolonie beobachtet, wie voll dort selbst kleine Apfelbäume hingen. So voll, dass sie im Herbst überall Körbe und Tüten rausstellten, aus denen man sich bedienen durfte, weil sie selbst nicht wussten, wohin damit. Ich wollte aber einen eigenen Apfelbaum haben, da ist man doch gleich viel autarker. Man stelle sich nur einmal vor, Äpfel würden auf einmal aus irgendeinem Grund knapp. Dann hängt da keiner mehr prallvolle Tüten raus.

Allerdings war meine Frau nicht bereit, in ihren Beeten Platz zu machen. Und mitten auf meinen Fußballrasen wollte ich ihn auch nicht stellen, da würde er im Weg sein. Also stellten wir erst einmal zur Probe einen Apfelbaum in einem Kübel auf. Dann könnten wir später über seinen Standort entscheiden. Die Sache ließ sich ganz gut an. Im zweiten Jahr bei uns hingen schon fünf Äpfel dran, fand ich für einen so kleinen Baum nicht schlecht. Wir beschlossen, ihm ein weiteres Jahr zu geben. Im Winter rückte ich ihn ans Haus, schützte ihn mit Kokosmatten und Knackfolie, im Frühjahr belohnte er meine Mühe mit einer schönen Blüte.

Im Sommer bekam er dann auch die ersehnten Früchte. Immerhin schon sechs. Ein halbes Dutzend! Weitere fünf Jahre und es würde für einen Kuchen reichen, wenn man die Äpfel in dünne Scheiben schnitt. Doch von da an ging alles schief. Nacheinander trennte sich mein Baum von seinen noch unreifen Kindern. Er warf sie einfach weg. Wenn wir an Ostern nicht bunte Plastikeier an den Zweigen aufgehängt hätten, der Anblick wäre noch trauriger gewesen. Vor allem als am Ende nur ein einziger Apfel übrig blieb, den ich mir zu allem Übel mit einem Wurm teilen musste. Was mochte da los sein? Oder ob er sich am Ende doch einsam fühlte? Ob ich einen zweiten Baum aufstellen sollte?

»Stress«, erklärte mir eine freundliche Gärtnerin, »der hat wahrscheinlich Stress.« So ein Baum sei ja wie ein Muttertier, der steckt alles in seinen Nachwuchs. Und wenn er merkt, er kann nicht mehr, dann wirft er eben ein paar Früchte ab. Das sei ein Zeichen von Überlastung. Okay, ich bin auch manchmal überlastet. Und manchmal ist mir so, als ob ich nicht mehr kann. Aber würde ich deshalb den Kindern die Tür weisen? Der Baum wurde mir ein wenig unsympathisch. Noch schlimmer wurde es, als ich eine Straße weiter einen Apfelbaum sah, der sich unter der Last seiner Früchte tief über den Zaun bog. »Wollen Se'n paar?«, rief mir ein Mann im Garten zu, der offenbar bemerkt hatte, wie ich seinen Baum betrachtete. Zu allem Überfluss brachte er dann auch noch ein Schild mit der Aufschrift »Verschenke Äpfel« an seinem Zaun an. Ich hatte plötzlich Zweifel, ob das mit dem Obst so eine gute Idee gewesen war. Zu Hause rief ich meinen Bruder an und fragte ihn, ob er nicht einen Apfelbaum im Kübel für seinen überdimensionierten Garten haben wollte. Er holte ihn bei nächster Gelegenheit ab.

Ich versuchte es aus nostalgischen Gründen danach mit einem Pfirsichbaum. Das heißt, genau genommen war es wieder meine Frau, die dachte, sie würde mir damit eine Freude machen. Tatsächlich hatte sie den kleinen Baum wohl eher nach dem Aussehen ausgewählt. Es handelte sich nämlich um einen Vertreter der Sorte »Nigra«, die nicht nur für ihre zartrosa Blüte im Frühjahr gerühmt wird. Zu den Vorzügen gehört auch das dekorative rote Laub. Zu den Nachteilen gehört, dass der Fruchtansatz, das heißt der Anteil jener Blüten, die sich zur Frucht entwickeln, nicht so hoch ist wie bei den Verwandten mit dem grünen Laub. Außerdem waren die paar Früchte, die er dann hatte, winzig. »Wahrscheinlich, weil es sich um einen Zwergpfirsichbaum handelt«, sagte ich zu meiner Frau. Sie bestritt das vehement und behauptete, Zwergpfirsichbaum bedeute lediglich, dass der Baum an sich nicht besonders groß werde. Doch die Früchte blieben walnussklein und waren eine einzige Enttäuschung. Eins war nun klar: So etwas im Kübel wollte ich nicht mehr. Entweder wir würden die Sache künftig professioneller angehen, oder ich würde ganz auf weiteres Obst verzichten. Unser Garten war in der Krise.

Die Lösung sah ich in einem Buchladen. Ein ziemlich großer Buchladen in der Berliner Friedrichstraße. Dort hatte ein französischer Künstler einen hängenden Garten errichtet, achtzehn Meter hoch, fünfzehn Meter breit. Patrick Blanc brachte auf dieser Fläche sechstausend tropische Pflanzen unter. Zur gleichen Zeit brachte meine Frau die Zeitschrift »Gärtnern leicht gemacht« mit nach Hause, dort wurde der »vertikale Gemüseanbau« in einem großen Nutzpflanzenfeature angepriesen. Tolle Sache, man müsse sich bei der Arbeit nicht einmal bücken. Besonders geeignet sind für den vertikalen Anbau Tomaten, aber auch Kiwi, Klettererdbeeren und Melonen. Was ich mir nur schwer vorstellen konnte. Ich meine, Melonen, die einem über den Kopf wachsen, sind schon nicht ganz ungefährlich. Meine Frau wäre im Urlaub beinahe mal von einer Kokosnuss erschlagen worden. Aber Erdbeeren oder Bohnen müssten sich machen lassen.

Meine Frau stand dem Vorhaben ausgesprochen wohlwollend gegenüber, ich machte mich also daran, Pläne zu entwerfen. Man käme natürlich nicht um ein geeignetes Klettersystem herum. Entweder räumt man also irgendwo eine Wand frei, was in einem Reihenhaus nicht leicht ist, gibt ja nur vorne und hinten, oder man spannt im freien Raum ein paar Drähte. »Bist du verrückt«, sagte Siggi, als ich ihm von meinem Vorhaben erzählte, »das dauert doch, bis da was wächst, stell dir mal vor, du läufst in der Dämmerung zu deinem Schuppen und hast davor irgendwelche Drähte gespannt?« Siggi erzählte mir dann eine Geschichte von irgendeinem Motorradfahrer, den er mal gekannt hätte und der geköpft worden sei, als er unter einem Draht durchgefahren sei. Ich mag Siggi, wenn er nicht gerade wieder von meiner Frau als Vorbild hingestellt wird. Und ich kenne sonst niemand, der derart abenteuerliche Geschichten erzählt.

Monsieur Blanc errichtete seinen tropischen Senkrechtgarten übrigens über einem Sechzehntausend-Liter-Bassin. Ich weiß nicht, ob so etwas essentiell für den vertikalen Gemüseanbau ist, wenn ja, würden wir wohl um eine Wasserrationierung nicht herumkommen. Ich nahm mir vor, mit meiner Frau über diesen Punkt zu reden, weil sich Rosen und Rasen unter diesen Bedingungen würden einschränken müssen. Ich würde auch die Kinder einbeziehen müssen, zweimal täglich duschen wäre dann einfach nicht mehr drin.

Doch meine Frau hatte längst schon wieder andere Pläne. »Was hältst du von einem Hochbeet?« Dann zeigte sie mir in ihrer Gartenzeitschrift das Bild eines »VegTrug«. »Das spricht man Vedschtrack«, sagte sie. Das Ding sah ein bisschen aus wie eine Futterkrippe und kam aus England, ohne Frage das Mutterland der Gartenkultur. Es stand auf vier Beinen und nahm in seiner mittelgroßen Ausführung gut zweihundert Liter Erde auf. Der VegTrug ist ungefähr so hoch wie eine Wickelkommode, bot damit einen ähnlichen Vorteil wie die hängenden Gärten: Man würde sich nicht einmal nach Radieschen bücken müssen. Und er versprach, mobil zu sein, die Pflanzkommode ließe sich dorthin rücken, wo gerade die Sonne schien – oder eben Platz war.

Der VegTrug kam per Post, und fünfzig Schrauben spä-

ter war er aufgebaut. Ich plante, eine mediterrane Salat-
mischung darin auszusäen, für Radieschen war auch noch
Platz, und am Rand wollte ich ein paar Erdbeeren drapie-
ren, die runterhängen sollten, um den Holzkasten auf diese Weise ein wenig zu verkleiden. Nur, wo sollte dieses Ensemble stehen?

»Vor dem Schuppen«, sagte meine Frau.

»Zu dunkel«, entgegnete ich und witterte eine Intrige, die
geeignet war, meine Bemühungen als Salatfarmer zu konter-
karieren. Ich drohte damit, meine Teleskopsäge auszufahren
und mir Runges Eibe vorzunehmen, die den Platz vor dem
Schuppen verdunkelte. Im selben Moment tauchte Frau
Runge auf und fragte, was ich denn da hätte. »Ein mobiles
Gemüsebeet.« Sie erkannte sofort, dass sich das Ding nicht
mehr bewegen lassen würde, wenn ich erst einmal zweihundert Liter Erde eingefüllt hätte. »Sie können die Räder vom
Krankenbett meines Mannes haben«, bot sie mir überraschend an. Ihr Mann hatte sich nach schwerer Krankheit
eine Weile zu Hause erholen müssen. Ein Bett war eigens
dafür umgerüstet worden.

Mit den Riesenrollen sah es ein bisschen aus, als hätten
wir nun ein hölzernes Krankenbett im Garten. Aber so,
wie ich es mir vorgestellt hatte, dass das fahrbare Gemüsebeet nun dem Lauf der Sonne würde folgen können – ganz
so klappte es nicht. Dafür war die Konstruktion viel zu
schwer. Trotzdem war unsere Ausbeute an Salat ungeheuer. Die Salatherzen schmeckten nussig, es gab sogar Gäste, die behaupteten, sie hätten gar nicht gewusst, dass Salat so schmecken könne. Noch besser war der Pflücksalat,
die Blätter konnte man einzeln ernten, und wenn man dabei vorsichtig agierte, wuchsen die sogar nach. Wenn wir irgendwo eingeladen wurden, machten wir es uns zur Ange-

wohnheit, statt Blumen auch mal eine Tüte Salat mitzubringen. Meiner Frau war das sehr recht, sie trennte sich sowieso ungern von ihren Blumen.

Ich war begeistert, experimentierte eine Weile mit verschiedenen Erdbeeren, es gibt sie sogar in Weiß, mit leichtem Ananasaroma! Tatsächlich behauptet die Firma Vitalberry, die den Erdbeer-Albino als Erste auf den europäischen Markt brachte, dass ihre Beeren auf ziemlich alte Sorten zurückgehen. Ursprünglich seien nämlich die chilenischen Erdbeeren weiß und ihre nordamerikanischen Vettern rot gewesen. Aus der Kreuzung beider ist unsere Gartenerdbeere hervorgegangen. Ein holländischer Züchter brachte dann Anfang der 2000er Jahre die Ananas-Erdbeere heraus, und eine englische Warenhauskette vertrieb die Frucht 2010 im großen Stil in Großbritannien. Leider entschied man sich bei der Markteinführung für den 31. März als Verkaufsstart, weshalb die Kundschaft von einem Aprilscherz ausging. Selber schuld, die Kette hatte sich im Jahr zuvor mit der Pinana, einer Kreuzung aus Ananas und Banane tatsächlich einen Scherz erlaubt.

Ich wähnte mich derweil auf dem Weg zu einem erfolgreichen Landwirt, nachdem es mir gelungen war, einen Zucchino von siebzehn Zentimetern Länge zu ernten. Zucchini sind ja Verwandte der Kürbisse, und da wird ja von unglaublichen Zuchterfolgen berichtet. Der gegenwärtige Europarekord liegt, glaube ich, bei 793,5 Kilo, aufgestellt in Sachsen, falls er nicht inzwischen übertroffen wurde. Tatsächlich wurde auf dem alljährlich stattfindenden Kürbisfestival in Ludwigsburg schon ein tonnenschweres Exemplar registriert, aber das wurde wegen eines kleinen Loches disqualifiziert. Leider stellte ich bei meinen Nachforschungen fest, dass der aktuelle Rekord für Zucchini bei 2 Meter 20 liegt. Einigermaßen enttäuscht wendete ich mich wieder meinem Lieblingsprojekt zu: Ich verlangte ultimativ die Anpflanzung eines zweiten Obstbaums. Meine Frau willigte angesichts meiner bisherigen Salat-Erfolge überraschend ein.

Ich entschied mich ein wenig übereilt für einen Birnbaum der Sorte »Doyenné du Comice«. Keine gute Wahl, wie sich sehr rasch herausstellte. Ich weiß auch nicht, wie ich auf den alten Franzosen verfallen bin, ich glaube, ich fand den Namen hübsch. Doyenné ist schon eine recht alte Züchtung, sie ist anfällig für allerlei Krankheiten, nur mittelmäßig ertragreich und ausgesprochen wählerisch, was ihren Sexualpartner angeht. Die Doyenné ist nämlich definitv nicht selbstbefruchtend. »Das macht gar nichts«, sagte ich zunächst noch munter, als mich meine Frau auf diesen Punkt aufmerksam machte. »In der Laubenkolonie wird schon eine passende Birne stehen.« Tatsächlich stellte ich rasch fest, dass in der unmittelbaren Nachbarschaft niemand einen Birnbaum besaß. Äpfel ja, Kirschen auch, Pflaumen erst recht, aber keine Birnen. Ich machte mich auf den Weg in die Kolonie, um mich dort mal umzusehen. Es gab Birnbäume, allerdings nicht viele, und der Weg war auch weiter, als ich ihn in Erinnerung hatte.

Ich informierte mich über das Flugverhalten der Bienen, wichtigster Bestäuber in Birnenkreisen. Die Durchschnittsbiene soll eine Reichweite von drei Kilometern haben. Ich war mir nicht ganz sicher, ob das für Hin- und Rückweg gelten würde und ob die Bienen meinen einsamen Baum überhaupt fänden, der da in unserem Garten vor sich hin singelte. Zumal ja nicht einmal jede x-beliebige Birne als Partner in Frage kam. Mein alter Franzose paarte sich am liebsten mit »Williams Christ« oder »Conference«. »Was meinst

du«, fragte ich meine Frau mehr als einmal, »wird das was?«
Ich fragte wohl einmal zu oft.

Jedenfalls fuhr sie eines Tages ins Gartencenter und kam mit einem dieser schlanken Säulenbirnbäume wieder. »Damit deine Birne nicht so allein ist.« Ich akzeptierte die schlanke Säule, für ausladende Exemplare war im Garten kein Platz mehr. Natürlich handelte es sich weder um Williams Christ noch um Conference. Wir siedelten die neue Birne gut fünf Meter von Doyenné entfernt an, damit sie sich leichter kennenlernen könnten. Außerdem brachte mir meine Frau ein Buch über Obstschnitt mit. Verflixt komplizierte Materie. Da war von Erziehungsschnitt und Verjüngungsschnitt die Rede, selbst in der Fachliteratur war man sich nicht einig, zu welcher Zeit welcher Schnitt zu erfolgen hatte. Vielleicht hätte ich von diesem Obstthema nie anfangen sollen.

Im nächsten Sommer wurde es noch schlimmer. Dabei hatten beide Bäume schön geblüht und auch Früchte ausgebildet. Doch nun waren die Blätter mit orangefarbenen Flecken übersät, auf den Unterseiten hatten sich richtige Pusteln gebildet. Die Diagnose war fatal: Wahrscheinlich handelte es sich um Birnengitterrost, einen Pilz, der sich, wie der Name schon sagt, auf Birnen spezialisiert hat. Aber eben nicht allein. Die Birne ist nur der Nebendarsteller in dem sich abzeichnenden Drama. Hauptwirtspflanze ist der Wacholder. So steht es auf der Internetseite des Berliner Pflanzenschutzamtes unter der Rubrik Merkblätter zwischen »Birkenwanze« und »Citrusbockkäfer«.

Auf dem Wacholder also überwintert der Schädling. Und wenn das Frühjahr kommt und die ersten Blätter sprießen, dann siedelt er um und sucht sich einen netten kleinen Birnbaum. Meinen zum Beispiel. Ich musterte Bergmanns

Wacholder, der jenseits der Hecke in den Himmel wucherte wie ein bösartiges Monster. Und was macht man dagegen? Das Entfernen befallener Wacholderzweige bringt erfahrungsgemäß nichts, schreiben die Pflanzenschützer. Man müsse schon den kompletten Wacholder mit Stumpf und Stiel entfernen.

Das hätte ich nur zu gern getan. Ich mochte sowieso keinen Wacholder. Ich finde, er gehört in die Lüneburger Heide, seinen bevorzugten Siedlungsraum. Da stört er keinen. Das Problem war nur, der fragliche Wacholder war nicht meiner und Nachbar Bergmann immer noch nicht gut auf mich zu sprechen. Natürlich wären die vier Meter, die das Gebüsch entfernt war, für meine Teleskopsäge kein Problem. Aber das hätte Krieg bedeutet. Abgesehen davon hätte mir meine Frau einen derartigen Übergriff ohnehin nicht gestattet.

Ich beschloss, die Sache erst einmal auf sich beruhen zu lassen. »Bei geringem Befall schädigt der Birnengitterrost den Baum nicht so stark, dass Bekämpfungsmaßnahmen erforderlich werden.« Schreiben die Pflanzenschützer in ihrem Merkblatt. Sogar die Birnen sollte man noch essen können. Sie schmeckten auch ganz ausgezeichnet, allerdings waren es nur eine Handvoll an jedem Baum. Und die Bäume sahen aus, als hätten sie die Blattern. Oder Schlimmeres. Was ja auch ein kosmetisches Problem ist. Es war jedenfalls nicht leicht, Zuneigung für zwei Bäume zu entwickeln, die aussahen, als hätten Sie etwas furchtbar Ansteckendes.

Im nächsten Jahr spritzte ich gegen meine Überzeugung ein Pilzmittel. Wichtig war, dass das geschehen musste, wenn sich nur ein Hauch erstes Blattgrün zeigt. Sonst ist es zu spät. Zunächst sah es so aus, als würde nun alles gut. Aber der Rost kam wieder. Und es wurde sogar noch schlimmer. Am Ende hatten wir keine Wahl, denn bei Birnengitterrost heißt es, entweder der Wacholder oder die Birne. Die beiden Birnbäume stehen jetzt im Laubengarten meiner Schwiegereltern. Ich hoffe, sie erholen sich dort von ihrer schweren Kindheit.

Damit hätte das Kapitel Obst wohl ein trauriges Ende genommen. Wenn meine Frau nicht ein Einsehen gehabt und mir einen neuen Pflaumenbaum spendiert hätte. Einen Halbstamm, der sich bisher recht gut macht. Es handelt sich um Prunus Domestica, The Czar, eine alte englische Sorte, kaum anfällig gegen »Scharka«, wie sie in der Baumschule gesagt hatten. Ich hatte zwar keine Ahnung, wer oder was Scharka ist, aber es klang böse.

Nun, was soll ich heute sagen: Der Baum hat keine Läuse, keinen Rost, die Pflaumen haben kaum Maden, da ist nichts, was man für »Scharka« halten könnte. Dafür hat der Baum schon im dritten Jahr eine exorbitant reiche Ernte abgeworfen. Und das, obwohl ich zunächst etwas enttäuscht war angesichts des schwachbrüstigen Stängels, als den ihn meine Frau anschleppte. Es läge an ihrer Erziehung, hat meine Frau behauptet. Sie hat sich des Obstbaums angenommen. Wider alle Erwartung interessiert sie sich jetzt nämlich doch für Nutzpflanzen.

Ach ja, Scharka ist unter deutschen Pflaumenbäumen flächendeckend verbreitet. Die Krankheit selbst kann nicht bekämpft werden und ist meldepflichtig. Was, wie ich finde, ziemlich bedrohlich klingt. Obst ist wirklich kein leichtes Thema.

8
Einen
Freizeitpark planen

»Ein Herbarium?« Meine Tochter nickte. So lautete die Aufgabe: Sie sollte ein Herbarium anlegen, und dafür brauchte sie zwanzig Bücher aus meinem Regal, Titel egal, Thema auch, Hauptsache, sie hatten mehr als sechshundert Seiten, waren also dick genug. »Ich brauche sie nämlich zum Pressen.« Ich glaube, das war eine der intellektuellsten Aufgaben, die unser Garten je zu bestehen hatte. Sie benötigte nämlich nicht nur meine Folianten, sie wollte von mir auch wissen, ob wir Wildpflanzen im Garten hätten.

»Wildpflanzen?«, fragte ich, »was meinst du? Lianen oder so?«

Mein Mädchen verdrehte die Augen. »Wildpflanzen eben, solche, die hier heimisch sind, nicht solche Exoten aus dem Gartencenter.«

»Frag Mama«, sagte ich, um erst einmal Zeit zu gewinnen. Dann machte ich mich schlau. In der Pflanzendatenbank fand ich tatsächlich ein paar Kandidaten, die wir hatten. Den Löwenzahn zum Beispiel, davon gab es wieder reichlich auf meinem Rasen, und den Giersch, den meine Frau unnachsichtig, aber nicht immer erfolgreich, bekämpfte. Sie entdeckte im Garten Hahnenfuß und eine Glockenblume. Alles verschwand zwischen Buchdeckeln. Meine Frau war begeistert. Genauso pädagogisch wertvoll hatte sie sich das

142

mit dem Garten vorgestellt. Nun, ehrlich gesagt, verfolgte ich von Anfang an ganz andere Interessen, als es darum ging, unseren Garten irgendwie kindgerecht zu machen.

Ich meine, wie alle Eltern wollte ich doch, dass es die Kinder einmal besser haben als ich. Auf jeden Fall nicht schlechter. Von Anfang an war mir aber klar, das würde nicht leicht werden, weil ich es schon ziemlich gut gehabt hatte. Allein wegen des Riesengartens, in dem ich aufwachsen durfte. Den hatte ich ja praktisch für mich. Unsere Vermieterin, Frau Ulrich, war schon zu alt, um mir in die Quere zu kommen. Ihre Tochter Lilli nie da und meine Eltern, wie gesagt, ich habe sie in diesem Garten nie arbeiten sehen. Sie haben ja nicht einmal bemerkt, als ich nahe der Grundstücksgrenze eine Zielscheibe aufhängte und mit meinem Bogen daran übte. Unvergessen, wie der Pfeil in Nachbars Kaffeetafel einschlug. Es gab zwar einen Riesenärger, aber ich war schon stolz, mit einem selbst gebastelten Bogen so weit schießen zu können.

Schön, da würden wir in Zukunft besser aufpassen müssen, weil unser Grundstück deutlich kleiner war, ich war jedoch gewillt, etwas daraus zu machen. Eine Art Freizeitpark. Eigentlich waren wir ja auch wegen der Kinder da rausgezogen. Und deren Interesse an Rosen oder einem Pflaumenbaum durfte man nicht zu hoch bewerten. Zumal wir aus einer ziemlich großen Altbauwohnung kamen, wo der Junge auf dem Flur mit dem Dreirad Rennen fahren konnte. Wenn er das in unserem neuen Haus täte, würde er ziemlich rasch irgendeine Treppe runterfallen. »Junge«, versprach ich ihm also vor unserem Umzug, »du wirst sehen, im neuen Haus kriegst du deinen eigenen Spielplatz!«

Nun gehen die Vorstellungen darüber, wie so ein Spielplatz auszusehen hat, ziemlich weit auseinander. Mein Freund Nils zum Beispiel hat eine Eisenbahn im Garten.

Groß genug, um darauf sitzen zu können. Das Ding hat er mal günstig aus irgendeiner Insolvenzmasse geschossen und bei sich richtige Schienen verlegt. Ist natürlich für Kinder eine Riesengaudi, wenn er damit durch den Garten fährt. Er hat drei oder vier Anhänger, und seine Lok wird mit zwei Autobatterien betrieben. Allerdings nutzt sich der Spaß schnell ab, obwohl Nils in seinen Parcours sogar eine Weiche eingebaut hat und er nicht immer nur im Kreis fahren muss. Jedenfalls lässt das Interesse selbst der kleinen Passagiere irgendwann nach, dann bleiben die blöden Schienen im Rasen, die ganz schön wehtun können, wenn man barfuß darauf tritt. Aber wahrscheinlich bin ich nicht die richtige Zielgruppe, ich habe mich schon als Kind nicht besonders für elektrische Eisenbahnen interessiert, weil da einfach zu wenig passiert. Ab und an mal ein kleines Zugunglück, das war's auch schon. In Nils' Garten gibt es nicht einmal das, obwohl, einmal wurde ich bei einer Party Augenzeuge, als ein offenbar schon angetrunkener Gast mit dem Ding entgleiste. Ist aber egal, für eine Eisenbahn bot unser Garten einfach nicht genug Platz, und um teure Irrtümer zu vermeiden, empfahl es sich sowieso, das Projekt Freizeitpark im Garten strategisch geschickt anzugehen.

Als Allererstes brauchten wir einen Sandkasten, wobei man in Berlin »Buddelkiste« sagt. Die Buddelkiste ist ab zwei Jahren unverzichtbar. Schließlich ist sie doch der Platz, an dem sich der kleine Mensch zum ersten Mal der Konkurrenzgesellschaft stellen muss. Und das auch beherzt tut. Ich weiß noch, wie Florian, mein Sohn, einem anderen Zwerg beherzt die kleine Schippe über den Kopf zog, weil der ihm ans Förmchen wollte. Natürlich habe ich sofort gesagt: »Aber Florian, das hast du doch noch nie gemacht!« Stimmte ja bis dahin auch. Trotzdem fand ich das ganz okay.

Wie hätte er sich denn sonst wehren sollen? Zu rhetorischen Spitzfindigkeiten sind Zweieinhalbjährige noch nicht in der Lage. Und dass er alles widerspruchslos hinnimmt, wollte ich auch nicht. Natürlich hätte ich eingegriffen, wenn das dann eskaliert wäre. Schließlich weiß ich, wovon ich rede. Ich kann bis heute die Narbe auf der Stirn fühlen, wo mir der kleine Stephan Weißkopf von nebenan im Alter von fünf Jahren seinen Spaten zwischen die Augen gezimmert hatte, weil wir uns darüber stritten, wem die Grube eigentlich gehört, in die ich dann halb besinnungslos sank. Kinderspaten waren schließlich seinerzeit noch nicht aus Plastik. Wenn ich über die Narbe reibe, sehe ich Stephan Weißkopf sofort wieder vor mir. Er trug schon mit fünf eine Brille, bei der ein Auge zugeklebt war, so behandelte man damals schielende Kinder, ich weiß nicht genau, ob man das heute auch noch tut. Jedenfalls schielte Stephan dermaßen, dass es ein Wunder ist, dass er mich überhaupt treffen konnte. Später zog er mit seinen Eltern nach Hamburg. Was wohl aus ihm geworden ist? Und ob er immer noch schielt?

Nun ja, ich habe es überstanden, und ich fragte mich auch, ob man seine Kinder der rauen Wirklichkeit da draußen wirklich entziehen soll, indem man ihnen hinter der eigenen Hecke eine private Buddelkiste aufstellt. Allerdings fragte ich mich das nicht lange, denn der Wunsch wurde schier übermächtig, als mein kleiner Florian auf dem Spielplatz bei unserer alten Wohnung um die Ecke etwas ausgrub, das er als »Stein« bezeichnete. Ich beugte mich zu ihm runter und fragte: »Was hast du denn da für einen schönen Stein?« Junge Eltern neigen ja zur Euphorie und nennen alles gleich »schön«, was ihre Kinder so anschleppen. Was er mir dann in die Hand drückte, war kein Stein. Es war etwas Weiches und roch schlecht.

In diesem Augenblick konnte ich unseren Umzug gar nicht mehr abwarten. Ja, er würde seine eigene Buddelkiste bekommen.

Ich habe diese Entscheidung nie bereut. Mit keinem anderen Spielgerät können sich Drei- bis Fünfjährige derart lange allein beschäftigen, vor allem, wenn sie einen Eimer dazubekommen. Das ist nicht ganz unwichtig, weil der Nachteil gegenüber einer öffentlichen Buddelkiste darin bestehen kann, dass das Kind je nach Struktur der Nachbarschaft vielleicht auch mal allein darin wird spielen müssen. Wir räumten also, wie in Kapitel 5 »Blühende Landschaften« beschrieben, die Maiglöckchen unserer Vorgängerin ab, um Platz für einen Sandkasten zu schaffen.

Zweitwichtigstes Utensil neben dem Wassereimer ist der Deckel. Hat die Buddelkiste keinen Deckel, wird man spätestens im nächsten Frühjahr allerhand Getier darin finden. Und es ist die Aufgabe des Vaters, das dort wieder rauszufiltern. Weil das Kind die Buddelkiste vielleicht nicht mehr mag, wenn es das erste Mal in eine Nacktschnecke fasst oder seine Kiste mit einer Riesenspinne teilen muss. Vielleicht wird es die Riesenspinne aber auch essen. Was man ja auch nicht will.

Die Frage, ob Holz oder Plastik, ist dagegen Geschmackssache. Manche Eltern stehen ja total auf Holz, weil es so natürlich ist. Dafür kann man sich da aber einen Splitter dran einreißen. Wir entschieden uns für Kunststoff, muss man nie wieder streichen. Als Nächstes fragte ich mich, wie denn der Untergrund beschaffen sein soll. Ich habe schon als Kind nach unten offene Sandkisten zu schätzen gelernt. Nur in denen kann man doch wirklich tiefe Löcher graben. Allerdings vermischt sich der schöne Buddelsand irgendwann mit schwarzer Gartenerde. Überhaupt, der Sand, am

Anfang dachte ich, der müsste schneeweiß sein, von einer Qualität, die man ohne Bedenken essen kann. Schließlich machen Kinder das ganz gern. Ich kaufte tütenweise Vogelsand, mit dem man prima Eieruhren füllen kann, nur, vernünftig bauen kann man damit nicht. Er ist einfach zu rieselig. Also fuhr ich in die nächste Baustoffhandlung und ließ mir mehrere Wannen mit Bausand vollschippen. Worüber unser Wagen beinahe in die Knie ging. Es ist schon erstaunlich, was Sand wiegt. Aber unsere Kinder sollten es ja einmal besser haben!

So eine Buddelkiste allein reicht natürlich nicht. Da kommt ja keiner, und mit dem privaten Freizeitpark im Garten steht man schließlich in Konkurrenz zu den öffentlichen Spielplätzen. Ich wollte unbedingt, dass sämtliche Kinder der Umgebung gern zu uns kämen, um mit unserem neu hinzugezogenen Sohn zu spielen – unsere Tochter war da noch nicht geboren. Meine Frau fand das zwar komplett überflüssig, im Gegenteil, sie fürchtete um ihre neue Saat, wenn da Kinderhorden drüberziehen würden, aber ich bestand darauf. Und dachte über eine Schaukel nach.

Die einfachste und naturnahe Lösung wäre natürlich ein Brett an zwei Seilen, die man um irgendeinen Ast schlingt. Nur an welchen? Wir verfügten zu diesem Zeitpunkt über den Pflaumenbaum in Randlage, an dem man allenfalls eine Hamsterschaukel hätte befestigen können. Außerdem entschlossen wir uns ja, diesen ersten Pflaumenbaum wieder abzugeben. Dann gab es noch die Birke, die stand hinter einem Metallverschlag, in dem wir unsere Gartengeräte aufbewahrten. Ich untersuchte den Verschlag etwas genauer und bemerkte mehrere scharfe Kanten. Der Verschlag sollte sowieso weg, allerdings plante ich an gleicher Stelle einen Schuppen. Blieb die Kiefer, die wir zu diesem Zeitpunkt noch hatten. Der nächstliegende geeignete Ast befand sich ungefähr in sechs Meter Höhe. Ich stellte mir vor, wie mein Junge an einem sechs Meter langen Seil ordentlich Schwung holte, erinnerte mich, wie es für uns als Kinder eine immer wieder gern gesehene Mutprobe war, so eine Schaukel oben zum Anschlag zu bringen, und fragte mich, wie weit ein Kind wohl fliegen würde, wenn es auf unserer Schaukel am Scheitelpunkt losließe. Vermutlich würde es zwei Gärten weiter landen.

Das mit der Schaukel wäre nur gegangen, wenn man dazu eine geeignete Haltekonstruktion errichten würde. So etwas braucht Platz, zweieinhalb Meter in der Breite müssten es schon sein. In jedem Fall müsste man eine Unfallversicherung abschließen. Und das mit der Haftpflicht überprüfen, wenn nämlich irgendein Nachbarskind dem schaukelnden Nachwuchs vor das schwingende Brett läuft. Mich schauderte bei der Vorstellung, und ich verwarf den Gedanken an eine Schaukel.

Ich ging zu »Toys R Us«, musterte die kleinen Plastikhäuser, die es da zu kaufen gab. Im Moment fand der Junge so etwas ganz gut. Wir hatten auf dem Spielplatz in der Nähe ein solches Ding, und er konnte mir mit Engelsgeduld Sandkuchen servieren, mit mehr Geduld jedenfalls, als ich sie aufbrachte, wenn ich vor der kleinen Hütte hockte, bis mir die Knie schmerzten. Das Spielhaus würde auch keine große Verbesserung darstellen, wir hatten etwas Ähnliches in unserer alten Wohnung schon aus Pappe stehen gehabt. Wie gesagt, es war eine recht große Wohnung. Der Junge würde nicht ewig zweieinhalb bleiben. Keine Frage, es musste etwas Größeres her. Ich dachte an Jürgen Bauers Baumhaus. Jürgen Bauer war in meiner Kindheit ein Junge in der Nachbarschaft gewesen, und er hatte ein eigenes Baumhaus. Das war eine großartige Sache und machte ihn zu einem kleinen Star in unserer Straße. Alle wollten in Jürgen Bauers Baumhaus, und er entschied ganz allein darüber, wer durfte. Oben angekommen, spielten wir dann, wir seien die Letzten unserer Art, und der Boden ist verseucht, nur wer im Baumhaus ist, war sicher. Weshalb wir ewig lange da drinnen blieben, Quartett spielten und kleine Nutella-Gelage veranstalteten. Mit einem Glas Nutella erhöhte man seine Chancen deutlich, Zutritt zu Jürgens Baumhaus zu bekommen.

Ich wollte nicht, dass sich mein Sohn irgendwo mit Nutellagläsern würde einkaufen müssen, und ging in den Baumarkt. Es war vollkommen klar, dass wir auch keinen geeigneten Baum für ein Baumhaus hatten. Man stelle sich vor, ich würde in sechs Meter Höhe eine Plattform zimmern, da hätte ich ja keine ruhige Minute mehr, wenn die Kinder da oben spielten. Und da sah ich ihn, einen Spielturm. Das gute alte Klettergerüst gibt es ja kaum noch. Eigenartigerweise kam sofort ein Verkäufer, was samstags im Baumarkt nicht allzu oft passiert, jedenfalls nicht, wenn man ratlos vor dem Schraubensortiment steht. Wenn da mal einer kommt, dann höchstens um »Ich bin aus der Elektro« zu flöten und gleich wieder zu verschwinden. »Das Ensemble lässt sich mit allerlei Modulen erweitern«, sagte der Klettergerüstfachverkäufer und blätterte vor mir einen mehrseitigen bunten Prospekt auf. Man konnte eine Schaukel integrieren, eine Rutsche und eine Kletterwand. Leider hatte der Baumarkt nicht genug Platz, einem das Ding einmal aufgebaut vorzuführen. So mit allem drum und dran. Stattdessen gab es nur diesen einen Kletterturm, der allein schon eine beträchtliche Höhe erreichte, daneben standen die Kartons, in denen alles geliefert würde – natürlich musste man sich das allein zusammenbauen, schließlich war das hier ein Baumarkt. Ich hielt das allerdings für kein großes Problem. Der Verkäufer bestätigte: »Gar kein Problem für jemanden mit ein bisschen handwerklichem Geschick.« Was er mir offenbar ohne Weiteres zutraute. Ich mag Baumärkte. Und seit wir im eigenen Haus wohnten, mochte ich sie noch viel mehr. Endlich konnte ich Löcher bohren und Gruben ausheben, ohne irgendjemanden fragen zu müssen. Allerdings musste ich das jetzt auch. Wenn in unserer alten Wohnung irgendetwas kaputt gegangen war, hatte ich einfach die Hausverwaltung angerufen, damit die jemanden schickten. Ich ließ mir einen der bunten Prospekte geben.

Zu Hause stellte ich anhand des Kataloges fest, dass der Turm allein 3 Meter 50 hoch und mit Rutsche fast vier Meter breit war. Und das wäre erst der Anfang. Vor meinem geistigen Auge sah ich, wie sich die Anlage geschwürartig über den gesamten Garten ausbreitete. Das Haus war dahinter kaum noch zu sehen. Außerdem wurde im Prospekt hervorgehoben, dass das ganze Ding aus dem Holz der Douglasie gefertigt würde, was natürlich der Pflege bedarf. »Um eine graue Patina zu vermindern, sollten sie das Holz mit einer offenporigen Lasur behandeln«, hieß es im Begleittext. Eigentlich hatte ich mir eher etwas geschlossenporiges vorgestellt. Wenn das da schon so steht, musste man wohl über kurz oder lang mit einer mausgrauen Spiellandschaft rechnen, die weite Teile unseres Gartens bedecken würde.

In den kommenden Tagen fiel mir auf, dass es doch erstaunlich viele Gärten gab, in denen hölzerne Klettertürme herumstanden. Ich sah nur nie ein Kind darauf spielen. Nun, dachte ich mir, vielleicht sind die betreffenden Kinder schon zu alt dafür? Vielleicht handelt es sich nur noch um Denkmäler einer längst verflossen Kindheit? Ich fuhr zurück in den Baumarkt und kaufte ein kleines Schwimmbecken zum Aufblasen. So etwas hatten wir in der Wohnung nicht gehabt.

Das Schwimmbecken war ein Riesenerfolg. Sofort dachte ich über einen Pool nach. Doch meine Frau war strikt dagegen. »Ein Pool«, meinte sie, »wo soll der denn hin? Und überhaupt, was glaubst du denn, wie viele Tage im Jahr man in dieses Ding steigen mag?« Ich sagte ihr lieber nicht, dass man so einen Pool ja theoretisch auch beheizen könnte. Sie hatte schon recht, wenn wir unser Grundstück in eine Badeanstalt verwandelten, würde das den Charakter des Gartens nachhaltig verändern. Außerdem erinnerte ich mich an Heike Gersbach, deren Eltern einen Swimmingpool im Garten gehabt hatten, als Einzige in der ganzen Straße. Es kam der Tag, da waren Einladungen bei Heike noch begehrter als in Jürgen Bauers Baumhaus. Im Sommer war bei Gersbachs praktisch jedes Wochenende Party. Ich weiß gar nicht, wie die Eltern das ausgehalten haben. Ich kann mich nämlich nur einmal an richtigen Ärger erinnern, das war, als ausgerechnet Jürgen in die Hollywoodschaukel der Gersbachs gekotzt hatte und das Ganze erst einmal verheimlichte. Nein, ein Pool kam gar nicht in Frage.

Ich kaufte stattdessen einen Bausatz mit Kunststoffröhren zum Zusammenstecken. Damit sollte man sich ein Klettergerüst seiner Wahl aufbauen können. Ich hatte früher einen ganz ähnlichen Baukasten in klein besessen und hielt das System für genial. Es gab sogar Räder. Wir bauten einen Riesen-Kletter-Bus, den man hin- und herschieben konnte. Das Ding war ein Heidenspaß, zermalmte allerdings den Rasen bis zur Unkenntlichkeit. Nach einem Tag sah unser Garten im Zentrum aus wie ein Parkplatz. Ich baute das Gerüst um zu einer Art Schiff mit kleiner Brücke und Steuerrad, versprach, es im nächsten Jahr in ein Flugzeug zu verwandeln.

Was ich allerdings nie tat. Das Kletterschiff war einfach ein zu großer Erfolg. Der allerdings auch seinen Preis hatte. Es gab Wochen, da hatten wir jeden Tag Florians Kitagruppe zu Gast in unserem Garten, fünfzehn schreiende Kinder.

Ich muss zugeben, ich kriegte das nicht immer so mit, weshalb ich an den weiteren Ausbau unseres kleinen Freizeitparks dachte. Irgendwann waren wir dann mal auf einem dänischen Campingplatz, dort hatten sie ein trampolinartiges Riesenhüpfkissen. Die Kinder, inzwischen war unsere Tochter auch schon fünf, fanden es großartig und hüpften den ganzen Tag darauf rum. Natürlich war die Benutzung des Trampolins für Erwachsene nicht gestattet. Aber weil sie so viel Spaß hatten, konnte ich nicht widerstehen. »Lass es«, hatte meine Frau noch gesagt, »du bist viel zu groß.« Aber ich wollte unbedingt demonstrieren, wie sportlich ich auch als zweifacher Familienvater war, und sprang ohne Vorwarnung. Aus den Augenwinkeln sah ich meinen Sohn abheben, er flog ein beträchtliches Stück in die Luft, juchzte vor Vergnügen im Flug, kam allerdings sehr unglücklich wieder auf. Sein Knöchel schwoll beängstigend rasch an. Den Rest des Tages verbrachten wir auf der Unfallstation eines dänischen Krankenhauses. Natürlich wollten sie wissen, wie das denn passiert sei. Da ich kein Dänisch sprach und sie nicht besonders gut Deutsch, beschränkte ich mich auf eine sehr vereinfachte Darstellung des Geschehens. Meine Rolle klammerte ich aus, um es nicht zu kompliziert zu machen. Es war nichts gebrochen, die Schwellung hielt aber noch an. Die Dänen stellten uns ein paar Krücken zur Verfügung, die wir sogar behalten durften. Ich brachte sie trotzdem vor unserer Abreise zurück, weil ich fand, so viel Strafe hatte ich verdient. Ich weiß, dass Trampolins in Familiengärten sehr beliebt sind, habe mich aber fortan strikt geweigert, etwas

Ähnliches bei uns aufzustellen. Immerhin habe ich mir von einem Nachbarn erklären lassen, worauf es ankommt: Erstens, die Federaufhängung am Rand muss immer abgedeckt sein. Wenn man ansonsten da mit den Füßen reinkommt, kann das sehr hässlich sein. Zweitens: Das Trampolin sollte rundherum ein Fangnetz haben, damit keine Kinder quer durch den Garten katapultiert werden. Drittens: Auch dann sollten nicht unbedingt zwei Kinder gemeinsam hineinspringen, weil sie nämlich leicht mit den Köpfen zusammenknallen. Und generell gilt für Trampoline, Schaukeln und Klettergerüste: Bevor Erwachsene sich daran versuchen, sollten sie ihr Gewicht überprüfen. Nur für die gute alte Buddelkiste gilt das nicht, da kann im Prinzip jeder rein.

Blieb eigentlich nur noch eines, und da setzte ich mich lange Zeit durch. Das zentrale Rasengeviert sollte unangetastet bleiben. Wir nutzten es als Fußballplatz. Manchmal spannten wir ein Netz, dann war es ein Federballfeld. Meine Frau musste ihr schmückendes Beiwerk an den Rand pflanzen. Was ihr sehr gegen den Strich ging, träumte sie doch wie alle Gartengestalter von einer Art Labyrinth mit uneinsehbaren Ecken. Meinen Fußballplatz fand sie langweilig.

Als die Kinder größer wurden, mussten wir die Spieltätigkeit ein bisschen einschränken. Wenn ein Halbwüchsiger beim Tackling in den Rhododendron fällt, ist der Kollateralschaden beträchtlich. Und eine fehlgeleitete Flanke knickt schnell mal eine Rose. Meine Frau wehrte sich auf ihre Weise und ging dazu über, uns Hindernisse ins Spielfeld zu pflanzen.

Inzwischen ist die Buddelkiste weg, das Klettergerüst haben wir gegen ein Zelt eingetauscht. Aber das Planschbecken besitzen wir immer noch. Heute kühlen wir darin Getränke.

9
Draußen leben

Es war gegen elf Uhr, an einem Samstagvormittag im Juli. Ich saß am Schreibtisch und versuchte, einen klaren Gedanken zu fassen. Von draußen wummerte es. Wenn ich die Fensterscheibe berührte, konnte ich sogar ein leichtes Vibrieren spüren. Wäre es nicht schon längst hell gewesen, hätte ich auch noch das Stroboskoplicht gesehen. So wie in der vergangenen Nacht.

Die Nachbarn hinten, diagonal von uns gesehen, sind gefürchtet in der ganzen Straße. Das heißt, eigentlich sind es gar nicht direkt unsere Nachbarn. Zwischen uns und ihnen liegt das Grundstück von Siggi. Und sie liegen auch gar nicht an unserer Straße, sondern eine weiter, aber das macht nichts. Wir wissen, dass sie da sind.

Angefangen hatte es am Vorabend gegen acht Uhr abends. »Hörst du das?«, hatte ich zu meiner Frau gesagt. »Ich glaube, da drüben feiern sie.« Ich weiß nicht genau, wie die Leute heißen, deshalb begnügte ich mich damit, »da drüben« zu sagen. Ich kenne die Nachbarn dort nur vom Hören. »Sind die Kinder«, sagte meine Frau, »ich glaube, die Eltern sind im Urlaub«. Okay, dachte ich, lass die mal machen, irgendwann feiern wir auch wieder, und dann haben wir einen gut. Gegen zehn, es war gerade dunkel geworden, ging ich in den rückwärtigen Teil unseres Gartens. Ich dachte, ich könnte mal sehen, wie voll es drüben ist, und danach abschätzen, wie lange es noch gehen würde. Es war nichts zu sehen, zwischen uns lagen mehrere Hecken. Siggi war nicht da, sonst hätte er sicher längst aus dem Fenster geguckt. Ich überlegte kurz, auf die Biotonne zu steigen, was mir dann aber doch zu peinlich war. Wenn mich einer auf der Tonne stehend sehen würde, wie ich gerade in einen anderen Garten spähte.

Unser Sohn hatte vor nicht allzu langer Zeit seinen achtzehnten Geburtstag gefeiert. Auch im Garten, und da ging es ebenfalls rund. Wir waren ja nicht dabei, er hatte uns nicht eingeladen. Das heißt, genau genommen hatte er sogar ausdrücklich darum gebeten, dass wir uns irgendwo anders einen netten Abend machen. Wir kamen aber doch früher nach Hause als geplant, gerade rechtzeitig, um zu sehen, wie über unserem Garten zwei Signalraketen aufstiegen. Ich war einigermaßen überrascht. »Was ist das?«, fragte ich meine Frau, weil ich für einen kurzen Moment dachte, der Junge wäre vielleicht in Not. War natürlich Unsinn, tatsächlich schlug es Mitternacht, und er feierte seine Volljährigkeit, die um diese Stunde begann. Wie gesagt, eigentlich wollten wir wegbleiben, aber es gibt da ein paar Dinge, an denen ich hänge. Meine alte Vinylplattensammlung, der Flatscreen an der Wand und ein Biedermeiersofa, das wir mal geerbt haben. Deshalb wollte ich ja unbedingt, dass er im Garten feiert. Es macht doch einen großen Unterschied, ob jemand eine Flasche Sekt im Wohnzimmer öffnet, und der Korken schlägt in den Flatscreen ein, oder er fliegt draußen in die Forsythie. Und wenn das Zeug dann über das Biedermeiersofa spritzt, das ist eine Riesensauerei. An Kirschlorbeerblättern haften dagegen keine Flecken. Und wenn doch, muss man eben mit der Heckenschere ran, der

Busch wächst nach, das Sofa nicht. Daran musste ich denken, als ich jetzt wieder zum Haus zurückging und dabei gedankenverloren über die Lorbeerblätter strich. Von drüben hämmerten dumpf die Bässe. Techno, stehe ich ja nicht so drauf. Gelächter perlte durch die Ligusterhecke, ich war ein bisschen neidisch. So eine Gartenparty ist schon toll. Auf dem Rückweg ins Haus nahm ich die verblichene Dekoration vom Kirschbaum ab, »18« stand auf den dreieckigen Wimpeln, sie waren schon ein bisschen verblichen und erinnerten mich daran, dass im Flieder auch noch die Plastikostereier hingen.

Gegen Mitternacht hatte das Gedröhne von drüben kein bisschen nachgelassen. »Was meinst du?«, fragte ich meine Frau, »soll ich mal rübergehen?« Sie erinnerte mich stattdessen daran, wie mein Freund Toby sich einmal morgens um vier in den Rhododendron übergeben hatte, nachdem er vorher drinnen noch ein Klaviersolo hingelegt hatte. Schon da konnte man ahnen, dass er nicht mehr in Topform war. Gott, war ich froh, dass es nur den Rhododendron traf. »Oder weißt du noch, die WM in Südafrika? Als Christoph die Vuvuzelas mitgebracht hat?« Wie konnte ich das vergessen. Wir hatten mehrere Bierbänke im Garten, und dreißig Leute machten einen infernalischen Lärm, den man bis vorne zur Ecke hörte. Ich konnte die Tröten jedenfalls deutlich hören, als ich dort an der Tankstelle noch Bier holen musste. Der Bengel von Grubers hatte in der Zwischenzeit das Chili vom Tisch gerissen, die Suppe kippte über den Rasen, und ich hab mich geärgert, dass ich nicht vorher gemäht hatte. Aber man stelle sich vor, das wäre drinnen passiert! Damals hatte sich der alte Herr Bergmann bei Runges beklagt, dass das doch eine Zumutung sei, was die Neuen da veranstalteten. Mit den Neuen meinte er uns, dabei wohnten wir zu dem Zeitpunkt auch schon zehn Jahre dort. Aber wegen des Ligusterheckenzwischenfalls sind wir in seinen Augen nie angekommen. Und Frau Runge hatte nur entgegnet: »Es ist WM, das ist wie Silvester, das muss man hinnehmen!« Wohl dem, der einen Garten zum Feiern hat. Und Nachbarn, die das hin und wieder tolerieren.

Gegen drei Uhr morgens dachte ich, Dr. Motte sei wieder da, und die Loveparade finde diesmal bei uns im Garten statt. Ich ging zum Fenster, weil es ein wenig stickig im Schlafzimmer wurde. Die Nacht war sehr warm. Ich öffnete die Fenster, erinnerte mich aber sofort wieder, warum ich sie geschlossen hatte. Drüben zuckten Lichter durch die Büsche und strahlten Bergmanns Kiefer von unten an. Mein Vater hatte einmal die Polizei geholt und damit die Party unserer Nachbarn damals gesprengt. Es waren die gleichen, denen ich versehentlich einen Pfeil in die Kaffeetafel geschossen hatte. Himmel, war mir das peinlich. Und mein Vater hatte sich mit der Aktion äußerst unbeliebt gemacht.

Um vier hätte ich meine guten Vorsätze, unbedingt tolerant zu bleiben, beinahe über Bord geworfen und ebenfalls die Polizei angerufen. Aber meine Frau erinnerte mich daran, dass unsere Tochter irgendwann auch ihren Achtzehnten hätte und bestimmt feiern würde. Um fünf dachte ich über eine anonyme Anzeige nach. Um sechs erwog ich, bei den anderen Nachbarn zu klingeln und eine Art Rollkommando zusammenzustellen. Wusste aber nicht, wer mitkommen würde. Mir fiel nur Siggi ein, aber der war ja nicht da. Wahrscheinlich hatte er vorher einen Tipp bekommen.

Dann wurde es elf Uhr vormittags. Ich stand vom Schreibtisch auf und klingelte bei Frau Runge. Die empfahl Nachsicht, ein übereilter Vorstoß könnte doch die gute Nachbarschaft auf Jahre hinaus trüben. Sie schlug vor, bis mittags zu warten. Tatsächlich ging die Musik schlagartig um 12 aus. Wahrscheinlich war der DJ kollabiert. Jedenfalls war die Sache ausgestanden. Und ich konnte wirklich gelassen unserer nächsten Gartenparty entgegensehen. Nach diesem Inferno war klar, unsere Nachbarn ließen sich durch nichts erschüttern.

Drinnen feiere ich ja nicht mehr so gerne. Aus bereits erwähnten Gründen. Außerdem ist doch draußen das neue drinnen. Wobei der Trend schon ein bisschen älter ist. Ich meine, lange waren die Menschen froh, ein festes Dach über den Köpfen zu haben. Doch dann wurden sie des Lebens in vier Wänden überdrüssig und wandten sich wieder der Natur zu. Natur, postulierte ein gewisser Rousseau vor dreihundert Jahren, ist unschuldig, unverkorkst, unverdorben, da wird alles gut. Seitdem geht der Mensch gern picknicken, wandern, oder er hat einen Garten.

Leider geht es aber draußen auch ein bisschen wilder zu als im Haus, irgendwie unberechenbar. Natur, das sind Ameisen auf der Decke und plötzliche Regenschauer. Weshalb das Verhältnis des Menschen zum Draußensein ambivalent ist: Er ist gern im Freien, aber wenn er weiß, dass dort ein Bär oder ein Wolf frei herumläuft, wird er hysterisch. Und über kurz oder lang will er es draußen so haben wie drinnen. Das ist schon seit dem Alten Testament so: Der Mensch macht sich die Erde untertan, heißt es im ersten Buch Mose. Und weil der urbane Mensch die Natur heute zuallererst hinter seinem eigenen Haus erfährt, hat er den Gartenstuhl erfunden. Lange haftete diesem ja etwas Provisorisches an. Gartenstühle konnte man klappen, damit sie sich notfalls schnell wegräumen lassen, wenn ein Unwetter aufzieht. Das ist nicht immer leicht, wer hat sich nicht schon einmal an so einem blöden Scharnier böse geklemmt? Oder man hatte Stühle zum Stapeln, PVC war das Mittel der Wahl. Und danach sah er auch aus, der Gartenstuhl, billiges PVC verfärbt sich unter der Sonne, wird spröde und mit den Jahren nicht schöner. Ich weiß das, wir haben die Möbel von unserer Vorbesitzerin übernommen. Darunter eine vergilbte Liege, die dermaßen schwer ist, dass ich vermute, sie hat einen Eisenkern unter ihrer dünnen Plastikschicht.

Ende der Neunzigerjahre überschwemmte die Teakholzwelle die Gärten. Teakholzmöbel wurden einmal konstruiert, um an Bord von Ozeanlinern den Elementen zu trotzen. Der Kern eines Teakholzbaumes hat einen hohen Ölanteil, er ist seewasserfest, resistent gegen Schimmel und nimmt an der Luft zwar eine silbergraue Patina an, aber das Holz wird nicht spröde, reißt nicht. Als jedoch die Teakholzwelle die Baumärkte erreichte, gab der Markt nicht mehr genug Holz her, schon gar nicht, wenn es aus nachhaltig bewirtschafteten Plantagen kommen sollte. Und anders als auf der »Titanic« wurde inzwischen nicht nur der Kern, sondern auch der hellere Rand des Teakholzes verarbeitet.

Das wollte ich alles nicht. Vor allem wollte ich kein Tropenholz, weil ich den Prädikaten, die da an den Stuhlbeinen baumelten, nicht recht traute. Als wir unseren Garten möblierten, entschieden wir uns für Robinie, aus nachhaltiger europäischer Forstwirtschaft. Sieht aus wie Teak. Weil ich aber nicht wusste, wie haltbar das sein würde, kauften wir natürlich Klappstühle. Bequem sollten sie auch sein, weshalb es sehr voluminöse Klappstühle geworden sind.

Hier ein Rat, für jeden, der vorhat, demnächst seine Terrasse einzurichten: Keine Klappstühle nehmen, sie werden sowieso nie wieder zusammengefaltet. Unsere Stühle jedenfalls blieben, wo sie waren, und wie vom Käufer versprochen, verhielten sie sich wie Teakholz. Denn auch Robinie bekommt eine graue Patina, wenn man sie nicht jedes Jahr aufs Neue einölt. Genau genommen handelt es sich sogar um eine sehr, sehr graue Patina. Damit muss der Mensch sich abfinden oder eben akzeptieren, dass seine Anwesenheit in der freien Natur immer nur provisorisch sein wird.

Ende der Achtzigerjahre verletzte sich der belgische Fußballprofi Bobby Dekayser und gab das Spielen auf. Nun war Dekasyer Torwart gewesen, und davon braucht kein Team mehr als zwei oder drei, wobei immer nur einer spielen kann. Dekayser hatte auch noch das Pech, dass er in seinen Clubs immer einen vor sich hatte, der einen Tick besser war. Bei den Münchner Bayern war das damals der belgische Nationaltorhüter Jean-Marie Pfaff, bei Nürnberg der deutsche Nationaltorhüter Andy Köpke. Er wäre also sowieso nie zur Weltspitze vorgestoßen. Dekayser fing stattdessen an, mit Kunststoffen zu experimentieren, und gründete in Deutschland die Firma Dedon, ein Unternehmen für Designer-Gartenmöbel. Warum ausgerechnet Gartenmöbel? Die Frage beantwortete er mit der Feststellung, er sei gern draußen. Jedenfalls hatte er während seines Berufslebens immer viel Rasen vor sich. Bei seinen Experimenten kam eine neue Kunstfaser heraus, die Dekayser zu Möbeln flechten ließ, die aussahen wie Rattan, nur eben witterungsbeständiger. Das war Anfang der Neunziger noch ziemlich neu, und Dekayser konnte seine Möbel teuer verkaufen, zumal Königin Beatrix sich bald ebenso sehr für die Modelle interessierte wie Brad Pitt. Vermutlich verdient er heute mehr als Jean-Marie Pfaff und Andy Köpke zusammen. Denn seine Designermöbel sind immer noch teuer. Flechtwerk aber ist für Gartenmöbel seitdem längst Standard geworden, es gibt sie in jedem Baumarkt.

Das Ergebnis sind gigantische Sitzgruppen, die niemand mehr ins Haus tragen muss, weil sie ungefähr so haltbar sind wie Plastiktüten im Meer. Sie verrotten einfach nicht. Weshalb sie sich in den Gärten breitmachen. Und gleich daneben stehen immer mehr Küchen für draußen. Auch die werden immer größer, seit der Kohlegrill dem Gasherd für den Garten weichen musste.

Ja, wir haben auch einen Grill. Aber einen, den man hin und her schieben kann. Obwohl uns Schwiegervater gern geholfen hätte, so etwas in den Garten zu mauern. Wollte ich nicht. Erstens finde ich einen Riesenkamingrill nicht schön, zweitens ist er unpraktisch. Wenn bei mir der Wind ungünstig steht, schiebe ich das Ding in eine andere Ecke. Wäre er festgemauert, müsste ich entweder mit dem Grillen aufhören oder riskieren, dass es drinnen riecht wie in einem jugoslawischen Restaurant, nachdem jemand drei Räuberplatten bestellt hat. Stimmt, grillen ist nichts für Vegetarier. Obwohl meine Tochter immer wieder ihren Haloumi auf den Rost legt, der mir dann durchs Gitter tropft.

Das ist einer der weiteren großen Vorteile eines Gartens: Man kann grillen, wann man will. Und hat es dabei nie weit bis zum Kühlschrank. Damit sind alle Voraussetzungen gegeben, um es zu einer gewissen Expertise zu bringen. Die Meinungen, welcher Grill der Richtige ist, gehen allerdings sehr schnell sehr weit auseinander. Mein Freund Hauke zum Beispiel ist davon überzeugt, dass richtig grillen nur mit echter Grillkohle geht. Alles andere ist für ihn erhitzen und damit Kinderkram. Ich dagegen habe nichts gegen einen Gasgrill, im Gegenteil, ich finde es irre praktisch, man schaltet ihn ein, und fünf Minuten später geht es los. Ist auch viel sicherer. Zwar sieht die dazugehörige Gasflasche aus wie eine Bombe, und wenn man einiges falsch macht, verhält sie sich auch so. Behandelt man sie mit Respekt, kann nicht viel passieren. Und man sollte sie nicht unbedingt im Haus lagern. Falls sie sich doch einmal wie eine Fliegerbombe verhält. Jedenfalls gibt es Gründe, warum beispielsweise auf französischen Campingplätzen das Grillen mit Gas erlaubt, das Grillen mit Kohle dagegen sehr oft verboten ist. Es ist eben doch sicherer, als mit glühenden Kohlen zu hantieren. Nach Schätzungen der deutschen Versicherer gibt es hierzulande jedenfalls fünftausend Grillunfälle im Jahr. Die meisten geschehen, weil ungeduldige Griller Spiritus ins Feuer spritzen, um ein bisschen mehr »Action« in die Sache zu bringen.

Ich muss allerdings zugeben, dass der Umgang mit echtem Feuer irgendwie archaischer wirkt. Weshalb ich mir schließlich einen Räucherofen zulegte. Räuchern ist eine der ältesten Konservierungsmethoden überhaupt, Tradition pur sozusagen, und deshalb wahnsinnig im Kommen. Es gibt ja praktisch keine Grills mehr ohne Deckel, mit Deckel kommt die Grillerei dem Räuchern schon sehr nahe.

Das Gute an einem eigenen Räucherofen ist ja, dass man mehr über das Essen weiß, das auf den Tisch kommt. Es gibt industriell gefertigte Räucherfische, die waren nie überhaupt nur in der Nähe einer echten Glut. Weil sie nämlich mit Liquid Smoke verarbeitet wurden, Flüssigrauch. Das muss nicht einmal auf der Packung stehen. Also habe ich mir einen Smoker gekauft. Das ist im Grunde eine Art Grill, bei dem innen eine Auffangwanne hängt, die den direkten Kontakt mit der Glut verhindert. Sonst wäre es ja Grillen. Dieses geschlossene System hat einen weiteren Vorteil. Wir hatten, wie schon ein paar Mal erwähnt, inzwischen einen Hund, ich gehe gesondert im Kapitel »Tiere im Garten« auf ihn ein. Nur so viel: Hunde neigen zum Betteln. Sie stehen dann neben dem Tisch und schauen einen mit hungrigen Augen an. Unser bleibt dabei ganz stoisch. Selbst wenn ihm heißes Fett in den Schopf tropft. Er sieht dann aus wie Elvis, bleibt aber trotzdem stehen. Ich glaube, er findet Wurstfett in den Haaren lecker.

Beim Räuchern kommt es logischerweise auf den Rauch an, der bei der gewollt unzureichenden Verbrennung des Räucherguts entsteht. Der Qualm muss also sein, weshalb es natürlich auf die Qualität des Holzes ankommt, mit dem man rumkokelt. Da darf kein Teer dran sein, keine Farbe, kein Harz, am besten nimmt man gut abgelagertes Buchenholz und dazu passende Späne zum Ablöschen der Glut. Ich habe mir extra dafür eine richtige Axt gekauft, um die Buchenscheite in eine in den Smoker passende Form zu bringen. Leider erwies sich nämlich dessen Räucherkammer als zu klein für die Riesenbuchenscheite, die ich für mein Räucherexperiment erworben habe. So eine Axt hat eine ähnliche Ausstrahlung wie eine Kettensäge. Ich freute mich aufs Räuchern.

Um es kurz zu machen, das Experiment war im Grunde auch ein Erfolg. Jedenfalls haben mir alle bestätigt, dass sie nie zuvor derart leckere geräucherte Forellen gegessen haben. Wenn ich die Aktion trotzdem nicht wiederholen möchte, dann deshalb, weil es noch tagelang im ganzen Haus roch. Nicht wie im Dalmatia-Grill, sondern wie bei Fisch-Fiete. Der Rauch zog ungehindert ins Haus, weil ich das offene Fenster im Obergeschoss nicht bemerkt hatte. Außerdem hatte ich lauter Blasen an den Händen. Erst vom Holzhacken und dann vom heißen Smoker, den ich wider besseren Wissens noch zu verschieben versuchte, nachdem ich feststellte, dass der Rauch direkt auf unser Haus zuzog. Das ist übrigens die zweithäufigste Unfallursache beim

Grillen: Wenn man versucht, das heiße Gerät zu bewegen. Seitdem begnüge ich mich damit, bei Unterhaltungen mit Freunden wie Hauke zu sagen: »Ja, räuchern, kenne ich, habe ich auch schon gemacht. Tolle Sache.«

Wer nun aber glaubt, das Hantieren mit offenem Feuer sei eine reine Männerdomäne, der täuscht sich in meiner Frau. Die findet ihrerseits Lagerfeuer total romantisch. Weil es sich aber für jeden, der schon mal wie ich den Rasen selbst vertikutiert hat, selbstverständlich verbietet, einfach so Holz auf der Wiese aufzuschichten und anzuzünden, galt es, Vorbereitungen zu treffen und das Unternehmen »Feuer im Garten« in geordnete Bahnen zu lenken. Denn im Prinzip finde ich es sehr gut, wenn man sich im Garten eine warme Stelle macht.

Leider kann man ja in unseren Breiten den Garten höchsten drei Monate entspannt nutzen, dann wird es zu kalt, um einfach nur darin herumzusitzen. Dummerweise ist das Wetter auch in diesen drei Monaten oft unberechenbar. Man stelle sich nur mal vor, man lädt ein paar Freunde ein, mit denen man draußen feiern will. Und dann schlägt das Wetter um. Schon sitzt die ganze Bande im Haus – mit all den bekannten Nachteilen. Ich erinnere mich an einen Fall im Juni, da sah alles super aus, bis es am Nachmittag zu regnen anfing, ungefähr eine Stunde vor Eintreffen der ersten Gäste. Ich bin sofort in den Baumarkt und habe zwei solcher Pavillons erworben – und zwar mit Scherengitter. Die stellen sich praktisch von allein auf, sagte der Verkäufer. Wasserdicht seien sie zwar nicht, aber sie würden einem normalen Regen anderthalb Stunden standhalten. Ich verbrachte dann anderthalb unruhige Stunden, in denen mir die Gäste mit dem Satz: »Ich glaube, ich habe eben einen Tropfen abgekriegt« schwer auf die Nerven gingen. Tatsächlich hörte der Regen nach anderthalb Stunden auf, gerade als sich die ersten Tropfen vom durchweichten Dach nach innen lösten. Ich war begeistert und träumte in der Folge davon, unseren Garten weiter zu befestigten.

In einem Katalog entdeckte ich ein Zelt, vier mal sechs Meter – wenn ich davon zwei Stück kaufte, könnte ich zwischen den Staudenbeeten ein kleines Oktoberfest veranstalten. Doch gerade als ich darüber nachdachte, ob man da drinnen nicht auch noch einen Fußboden verlegen könnte, ich stelle mir Planken vor, die man auf Paletten nagelt, damit der Rasen nicht so leidet, fragte mich meine Frau, ob ich noch bei Trost sei, ihren Garten auf diese Weise verschandeln zu wollen. Außerdem sollte ich mir mal überlegen, wo das Zelt hinsollte, wenn wir mal gerade nicht feierten, was ja auch ziemlich oft vorkommt. Das war ein Argument.

Siggi kaufte sich einen mit Gas betriebenen Terrassenstrahler und erzählte mir, wie toll das sei. Damit könne er bis November draußen sitzen. »Das ist schlecht für die Umwelt«, entgegnete ich, denn es sei ja wohl logisch, dass sich die Atmosphäre aufheizen würde, wenn jeder einen Terrassenstrahler aufstellt. Außerdem nutzte ich die Gelegenheit, ihm zu erklären, dass ich Terrassenstrahler genauso unromantisch finde wie den Laubbläser, mit dem mich der neue Nachbar vorn an der Ecke zuweilen quälte. So ein Laubbläser erreicht Geschwindigkeiten von bis zu dreihundert Stundenkilometern! Wenn der Neue loslegt, dann ist ein Herbststurm ein laues Lüftchen dagegen. Einmal sagte ich ihm das. »Hallo«, entgegnete er mir, »und was ist mit meinem Rücken?« Vorgeschobenes Argument. Ich hab ihn beobachtet, er bläst sein Laub mal hierhin und mal dorthin. Und dabei lächelt er. Keine Frage, so ein Laubbläser befriedigt den Spieltrieb und sonst nichts.

Noch schlimmer als Bläser sind übrigens Laubsauger, am besten mit angeschlossenem Häcksler. Damit ist die Arbeit schneller getan, dafür haben die Dinger eine Ökobilanz wie die Tiefseefischerei mit Schleppnetz. Letztere planiert den Meeresboden, macht aber wenigstens keinen Lärm dabei. Der Laubsauger kann sogar Frösche schreddern und selbst Geräte, die als leise angepriesen werden, erreichen laut TÜV 95 Dezibel. Das entspricht einer Handkreissäge in einem Meter Entfernung. Da brauche ich auch keinen Terrassenstrahler mehr, weil es draußen sowieso viel zu laut ist.

Weil es meine Frau aber gern romantischer hat, versuchte ich es mit einem mexikanischen Tonofen. Die Dinger waren vor zehn Jahren en vogue. Am Anfang fand ich das auch ganz toll. Ich füllte ihn vorschriftsmäßig mit einer Lage Sand und steckte allerhand Brennholz rein. Der Ofen strahlte einiges an Wärme ab. Der Lagerfeuereffekt ging jedoch gegen null, weil man durch die kleine Öffnung kaum etwas von den lodernden Flammen sah, wenn man nicht direkt davor saß. Außerdem war ich mir nicht sicher, was passiert, wenn das Ding immer draußen steht. Was er ja musste, zum Rumtragen war er viel zu schwer, nachdem erst einmal der Sand darin war. Mein Freund Nils, der auch einen mexikanischen Tonofen hat, behauptete, das Ding könne platzen. Auf meine Frage, wie man sich das vorzustellen hat, und ob mir dann die Scherben um die Ohren fliegen, wusste er aber auch keine Antwort. Als der Ofen dann tatsächlich nach dem dritten oder vierten Winter einen Riss bekam, traute ich ihm nicht mehr recht über den Weg.

Nils schenkte mir dafür eine Feuerschale zum Geburtstag. Die kam einem Lagerfeuer schon sehr nahe. Es war nur erstaunlich, wie viel Holz so ein Ding verzehrte. Außerdem war ich überrascht, als man mir im Baumarkt erklärte,

Brennholz wäre ein Saisonartikel, das kriegen sie erst im Herbst wieder rein. Ich musste dann raus aus der Stadt zu einem Fachmann, der das Zeug kubikmeterweise auf seinem Lagerplatz stapelte und von einem Dobermann bewachen ließ. Zum Glück war ich noch nicht so weit vom Tor entfernt, als ich das Vieh bemerkte.

Die Feuerschale aber ist sehr stimmungsvoll. Allerdings muss ich sie immer erst aus dem Schuppen holen, bevor es gemütlich wird. Und damit mein mühsam einigermaßen in Form gebrachter Rasen nicht leidet, lege ich erst eine Palette auf den Boden, darauf dann ein paar Steine, darauf die Feuerschale. Dauert natürlich, und bis ich fertig bin, ist meiner Frau nicht mehr romantisch zumute. Im Gegenteil, einmal beschimpfte sie mich sogar als Spießer, als ich anfing, meine feuerfeste Fußbodenkonstruktion zu verlegen.

Ganz schlimm wurde es, als wir aus dem Urlaub in den USA zurückkamen. Dort ist eine Feuerstelle auf der Parzelle fester Bestandteil der Grundausstattung eines jeden Campingplatzes. Und es gehört zum guten Ton, jeden Abend allerhand Holz zu verbrennen. Wahrscheinlich stammt diese Angewohnheit noch aus der Pionierzeit, als der Amerikaner mit dem Planwagen durch die Prärie zottelte. Seitdem genießt das Recht auf ein abendliches Lagerfeuer einen ähnlichen Stellenwert wie der private Waffenbesitz.

Natürlich ist beides nicht ganz ungefährlich, der Waffenbesitz und die allgemeine Zündelei. Weshalb Campingplatzbetreiber versuchen, wenigstens das Risiko, das von einer offenen Feuerstelle ausgeht, zu minimieren, indem sie dem Gast eine zentnerschwere Lastwagenfelge auf die Parzelle legen. Nur in diesem eisernen Ring darf man Feuer legen, und verrücken kann man ihn selbstverständlich nicht.

Das fand meine Frau so großartig, dass sie am liebsten

eine rostige Lastwagenfelge mit nach Hause genommen hätte. Zum Glück begrenzte die Fluggesellschaft unser Gepäck auf dreiundzwanzig Kilo, und ich ging fest davon aus, zu Hause würde sie diesen Plan aufgeben. Tat sie aber nicht, im Gegenteil, sie träumte nun davon, hier eine Felge in unserem Garten zu versenken, um eine dauerhafte Feuerstelle einzurichten. Das würde nicht nur sehr vintagemäßig aussehen, wir würden auch viel häufiger und spontaner Feuer legen.

»Aber Schatz«, versuchte ich dem etwas entgegenzusetzen, »ich werde hineinfallen!« Meine Theorie war nämlich, dass in dem Moment, wo die Tage wieder kürzer würden und ich vom Fahrradschuppen aus den Rasen überquerte, ich das Loch einfach übersehen würde.

Noch ist das letzte Wort in dieser Angelegenheit nicht gesprochen, und ich hoffe, dem Ganzen zuvorzukommen, indem ich eine größere Feuerschale mit Füßen drunter besorge. Die könnte man jederzeit aufstellen oder meinetwegen auch stehen lassen, mähe ich halt drumherum. Ich hoffe nur, dass ich eine Feuerschale finde, die alt genug ist. Meine Frau steht nämlich sehr auf den sogenannten Shabbylook. Dinge, die andere vor die Tür stellen, damit sich einer ihrer erbarmt, da kann sie nicht dran vorbei. Und sie findet ziemlich viel, wenn sie durch die Straßen streift. Sagenhaft, was da alles in letzter Zeit zusammengekommen ist. Als da wären: Eine Michelangelos David nachempfundene Büste in Gips, ein goldener Bilderrahmen ohne Bild, eine hölzerne Etagere, die sie inzwischen mit allerlei Kräutertöpfen vollgestellt hat, ein uraltes Küchenregal, von dem die Farbe abblättert, was meine Frau aber zulässt, schon wegen der Patina. Damit dekorierte sie zunächst die Terrasse, inzwischen aber auch den Garten. Im Efeu versteckt, hängt an einer Ziegelwand ein alter Spiegel, meine Frau freut sich immer ungeheuer, wenn die Leute denken, das wäre ein Fenster, und dahinter geht es weiter. Im Keller ihrer Eltern hat sie ein pudelgroßes Reh gefunden, das sie als Kind immer mit Dartpfeilen beworfen hatte, jetzt steht es neben David in den Büschen. In der Dämmerung könnte man es für ein Kitz halten. Oder für Kitsch.

Natürlich geben die Keller der Verwandtschaft nicht mehr viel her, weshalb ich in ständiger Angst lebe, die Stadt Berlin könnte die alte Idee vom Sperrmüll wiederbeleben. Muss so zwanzig, dreißig Jahre her sein, da konnte man an bestimmten Tagen sein Gerümpel an den Straßenrand stellen, und bevor die Müllabfuhr kam, konnten die Nachbarn gucken, ob davon etwas zu gebrauchen wäre. Nicht auszudenken, das würde wieder eingeführt. Meine Frau behilft sich derweil damit, dass sie unser Haus noch einmal nach Brauchbarem durchsucht, um den Garten weiter dem in vielen einschlägigen Zeitschriften angepriesenen Ruinenlook anzunähern.

Eines Tages fehlten im Erdgeschoss unseres Hauses plötzlich die Zimmertüren. Sie erklärte mir, dass sie gerne noch die überflüssigen Wände niederlegen würde, um der Etage etwas Loftartiges zu verleihen. »Nein«, sagte ich, »nicht die Wände!« Ich fand es ganz gut, wenn man aus der Sitzgruppe nicht sofort in die Küche gucken konnte. Vor allem dann nicht, wenn ich gerade darin gekocht hatte. Dann bemerkte ich, dass sie auch eine Tür im Keller ausgehängt hatte. Es handelte sich ausgerechnet um die Tür zum Vorratskeller, aus einfachen Brettern grob zusammengezimmert und mit einer schmiedeeisernen Klinke versehen. »Willst du den Keller auch in ein Loft verwandeln?«, fragte ich ein wenig besorgt. Immerhin lagerten dort neben dem Wein auch meine Süßigkeiten, und ich fand es ganz gut, wenn man die Tür schließen konnte. Sie zeigte mir in ihrer Gartenzeitschrift ein Foto, auf dem eine alte Tür in die Hecke integriert wurde. Sie selbst plante nach dem Erfolg mit dem vermeintlichen Fenster eine Tür vor die ohnehin schon von wildem Wein bedeckte Ziegelwand zu hängen, hinter der sich Runges Terrasse befand. »Das verleiht dem Garten auch in der Breite mehr Tiefe«, erklärte sie mir. Sie war nämlich unzufrieden mit der rechteckigen Form, die unser Garten hatte. Ich fand das ja optimal, weil er auch in seinem Verhältnis Länge zu Breite einem Spielfeld recht nahe kam. Sie dagegen wünschte sich mehr schwerer einsehbare Ecken, um das Ganze »verwunschener« zu machen, wie sie es nannte. Deshalb hat sie auch eine halbe Hecke am Ende des Gartens vorgezogen, damit ich jetzt zickzack laufen muss, wenn ich hinten raus will. Außerdem stand neuerdings das mit allerlei Hängepflanzen verkleidete Hochbeet mitten in meinem Laufweg. »Das macht es noch ein bisschen labyrinthischer«, sagte sie. Nun wollte sie eine Tür in den Garten setzen, durch die niemand würde gehen können.

»So eine Tür macht den Garten auch wohnlicher«, meinte sie. Das aber war genau der Punkt. Will ich einen Wohngarten, in dem unverrottbare Sofalandschaften herumstehen? Will ich mich vor den Augen der Nachbarn auf der Gartencouch lümmeln und mir in der Küchenzeile für draußen im Schatten des Kirschbaums ein Ei braten?

Eigentlich nicht. Ich will da draußen Pflaumen ernten, Löcher graben und im Zweikampf mit Ameisen bestehen. Ich will ungezähmte Natur. Oder wenigstens ein bisschen.

»Schatz«, sagte ich also, »wollen wir die Tür nicht im Keller lassen?«

»Na gut«, stimmte sie mir dieses eine Mal zu.

10
Tiere im Garten

Zu den großen Versprechungen, die sich mit unserem Garten verbanden, gehörte meine gegenüber den Kindern leichtfertig gemachte Ankündigung: »Wir könnten ja dann mal über ein Haustier nachdenken«. Das war eigentlich mehr so dahingesagt. Ich dachte auch, mit der Ankündigung allein hätte ich erst einmal Zeit gewonnen. Doch das Thema blieb auf der Tagesordnung.

Wieso hatte ich überhaupt damit angefangen? Eigentlich war ich doch dagegen. Was vielleicht daran lag, dass Haustiere bei mir zu Hause nie ein großes Thema gewesen waren. Meine Mutter hatte in ihrer Jugend einige Zeit auf einem Bauernhof verbracht, weshalb sie zu allem, was Fell oder Federn hatte, ein eher pragmatisches Verhältnis pflegte. Tiere hatten zuallererst nützlich zu sein. Trotzdem hatte ich als Kind einen Hamster besessen. Genau genommen sogar drei, Hamster werden nicht besonders alt und sind definitiv nicht nützlich. Außerdem sind sie nachtaktiv. »Schon mal keinen Hamster«, kündigte ich also an, weil ich mich noch zu gut erinnern konnte, wie der kleine Kerl im Morgengrauen durch sein ratterndes Laufrad rannte. Und der Käfig stand unüberhörbar auf einer Kommode am Fußende meines Bettes. Tatsächlich hatten weder meine Frau noch die Kinder an einen Hamster gedacht, sie schlugen stattdessen einen Hund vor. »Hund geht gar nicht«, sagte ich und machte meiner Frau klar, dass so ein Hund viermal am Tag raus musste und dass ja wohl vollkommen klar wäre, wer dann mit ihm gehen müsste. Sie nämlich, wenn sie jetzt nicht ebenso entschlossen gegen den Hund votierte. Sie war unschlüssig.

Ich rief mir die verschiedenen Hunde meiner Jugend in Erinnerung. Am deutlichsten stand mir Bobby vor Augen, ein Collie, der Björn gehört hatte, einem meiner besten Freunde. Grundsätzlich fand ich Collies damals gut, schon weil Timmy einen besessen hatte, das war der kleine Junge aus der Fernsehserie »Lassie«. Bobby sah original aus wie »Lassie«. Anders als der war Bobby aber keineswegs der Freund aller Kinder. Im Gegenteil, manchmal kriegte er seine Anfälle und ging auf alles los, was ihm vor die Lefzen kam. Zum Beispiel auf mich. Einmal hätte er mich fast erwischt, wenn es mir nicht gerade noch gelungen wäre, auf einen Kirschbaum zu klettern. Wahrscheinlich rührt meine große Zuneigung zu Kirschbäumen daher. Trotzdem kriegte mich Bobby an der hinteren Hosentasche meiner Jeans mit seinen Zähnen zu packen. Ich hing wie eine reife Kirsche am Baum, der Hund gebärdete sich wie toll. Zum Glück riss die Tasche ab, von der Last des Hundes befreit, gewann ich ein bisschen an Höhe. Dann kam Björns Vater und bändigte den Köter. Über meine Hose verlor niemand mehr ein Wort. Als ob ich die Kellertür offengelassen hätte, durch die die Bestie dann ins Freie geschossen kam. Dabei handelte es sich um eine echte Levis, die galt damals noch was.

»Keinen Hund«, sagte ich also, während ich durchs Fenster unseren Kirschbaum musterte. Ich malte mir aus, wie mein Sohn Florian an diesem Zwergstamm hängen würde.

Jeder Dackel könnte ihn immer noch erreichen, ohne hochzuspringen. »Denkt bitte an Willi!« Willi war der Hund von Basti, meinem jüngeren Bruder. Willi war ein Labrador mit breitem Brustkorb. Die Kinder hatten einmal in Willis Gegenwart Federball spielen wollen, und Basti musste seinen knurrenden Willi die ganze Zeit festhalten. Auf meine Frage, was denn mit dem Hund los sei, hatte Basti geantwortet, dass der es nicht möge, wenn Kinder sich so schnell bewegten. Man muss dazu wissen, dass Basti selbst keine Kinder hat und seinen Hund vor allem deshalb besitzt, damit der sein kleines Anwesen bewacht. Was er fraglos tut. Willi ist es gewohnt, sich ganz natürlich im Garten zu bewegen. Und das bewies er dann auch gleich, indem er mitten auf den Rasen einen großen Haufen setzte.

Allein die Erwähnung von Willi reichte jetzt aus, die Kinder zu verunsichern. »Was haltet ihr von Fischen?«, erkundigte ich mich in das Schweigen hinein. »Natürlich keine Koi-Karpfen für den Garten, sondern mehr so Guppys für drinnen. Da kommt ein Futterautomat dran, und dann versorgen die sich selbst.« Niemand außer mir fand die Idee gut, weshalb meine Frau »Schildkröte« sagte. Sie hatte mal eine besessen, die hieß Susy. Susy wurde fünfunddreißig, was für eine Schildkröte noch kein Alter ist. Sie hätte doppelt so alt werden können, wenn eine Krähe sie nicht außerhalb der Hütte erwischt hätte, die mein Schwiegervater der Kröte gebaut hatte. So wurde sie das erste Tier, das wir gleich nach unserem Einzug in unserem noch neuen Garten beerdigen mussten. Der Anblick der waidwunden Kreatur war kein schöner Moment. Aber Susy hatte einfach nur Pech gehabt, da wäre weit mehr drin gewesen. Ich war strikt gegen ein Tier, das Chancen hatte, mich zu überleben. Und selbst wenn nicht, wir würden uns sehr, sehr lange um diesen Hausgenossen kümmern müssen, bestimmt noch, wenn die Kinder längst ausgezogen waren.

Plötzlich meldete sich unsere Tochter Sophie mit ihrem zarten Stimmchen. Sie war gerade sechs und sagte nun: »Kaninchen, ich hätte gern ein Kaninchen.« Ich dachte kurz nach, was ich über Kaninchen wusste. Ich schätzte deren durchschnittliche Lebenserwartung auf acht Jahre, dann wäre mein Mädchen vierzehn. Auf jeden Fall besser als eine Schildkröte. Andererseits, wer würde sich um das Kaninchen kümmern, wenn wir im Urlaub wären? Meine Mutter besser nicht, bestimmt würde sie ohnehin davon ausgehen, dass das Tier zu Weihnachten auf den Tisch käme, weil das ihrer Meinung nach nun einmal die Bestimmung eines Hauskaninchens wäre. »Am besten ihr einigt euch erst einmal untereinander«, sagte ich zu unseren beiden Kindern, »dann sehen wir weiter«. Ich war fest davon überzeugt, damit reichlich Zeit gewonnen zu haben, weil sie sich sowieso nicht einigen konnten. Umso überraschter war ich, als mir meine Frau am nächsten Tag am Telefon bedeutete, die Sache sei geklärt, sie wollten jetzt jeder ein eigenes Kaninchen.

Auf dem Heimweg fiel mir auf, dass auf der Grünfläche am Ende unserer Straße eine ganze Schar Kaninchen lebte. Mussten robuste kleine Kerle sein, wenn die da draußen Wind, Wetter und sogar dem Fuchs trotzten, der hin und wieder durch unsere Gegend streunte. Kaninchen, dachte ich bei mir, die haben schon ganze Kontinente erobert. Australien zum Beispiel, da sollen sie eine Plage sein. Die wirft so leicht nichts um. Ich verdrängte den negativen Beigeschmack des Wortes »Plage« und fing an, mich mit der Idee anzufreunden.

Drei Tage später waren sie da. Zwei Zwergkaninchen, eines braun gescheckt, das auf den Namen Muffel getauft wurde, eines schwarz, es hieß fortan Maxi. Ein Männchen und ein Weibchen! Meine Frau versicherte mir, der Rammler würde selbstverständlich vor Erreichen der Geschlechtsreife kastriert. »Was bedeutet Geschlechtsreife?«, fragte Florian mit glockenheller Stimme. Er war jetzt zehn. Ich schaute meine Frau fragend an, die wiederum von mir wissen wollte, ob wir das Thema nicht längst geklärt hätten. Sei doch eine Männersache. Ich fragte mich, warum »Geschlechtsreife« eine Männersache sei, wurde aber abgelenkt von dem gigantischen Käfig, der in Sophies Zimmer stand. Florian erklärte, der sei für beide Kaninchen, und das hätte mit Gerechtigkeit zu tun, und damit, dass sein Zimmer anderthalb Quadratmeter kleiner wäre.

Ich fand unsere Wahl dann ganz gut. Das war ein prima Anlass, demnächst endlich das Thema »Geschlechtsreife« aufzugreifen. Außerdem konnten wir ihm am Beispiel der Kaninchen auch gleich noch erklären, was »schwarzer Humor« ist. Wenn nämlich mein älterer Bruder Michi beim Anblick der Kaninchen sagte, er habe die am liebsten in Senfsoße. Was Florian aber nicht gleich verstand. Er blieb misstrauisch, wenn sich sein Onkel dem Käfig auch nur näherte. Und wir mussten alte Gewohnheiten ändern, woran man unbedingt denken sollte, bevor man sich ein Haustier anschafft. Bis dahin hatte ich selbst ganz gern mal Kaninchen gegessen. Ich kenne da ein Rezept: in Knoblauch gebackene Kaninchenteile. Aber fortan durften wir kein Kaninchen mehr auf den Tisch bringen. Onkel Michi hielt das jedoch nicht davon ab, seine Scherze bei jeder Familienfeier leicht variiert wieder anzubringen (»Hat schon mal jemand Rabbit Tandoori probiert?«).

Entscheidend war aber, dass wir ja eigentlich dachten, die Tiere würden sich vorzugsweise draußen aufhalten. Und da

mussten wir rasch feststellen, dass unser Garten nur unzu-
reichend auf Kaninchen vorbereitet war. Muffel und Maxi
waren nämlich lange nicht so knuffig, wie die Kinder angenommen hatten. Sie gingen uns im Gegenteil lieber aus
dem Weg und beschäftigten sich mit sich selbst. Sie frei im
Garten laufen zu lassen, wie wir ursprünglich angenommen
hatten, ging nicht, weil weder die Ligusterhecke zur Rechten, noch Runges Palisade zur Linken den Kaninchen eine
natürliche Grenze setzten. Wahrscheinlich würden sich die
beiden binnen Kurzem ihren wilden Verwandten am Ende
der Straße anschließen. Was ich auf jeden Fall verhindern
wollte, immerhin hatte nicht nur jedes der beiden Tiere
dreißig Euro gekostet, wir investierten auch noch mal die
gleiche Summe in eine Impfung gegen die chinesische Ka-
ninchengrippe, die übrigens jedes Jahr wiederholt werden
musste. Das erfuhr ich aber erst jetzt, sonst hätte ich vielleicht doch den Hamster als kleinen Gefährten ins Spiel gebracht. Zur Wertsteigerung unserer neuen Hausgenossen
trug auch noch bei, dass die beiden sich besser ernährten
als ich. Sie bekamen nämlich nur frisches Obst und Gemüse, darunter Biomöhrchen und Chicorée zu jeder Jahreszeit.
Gegen meine Erwartung machte meine für ihre Sparsamkeit
bekannte Mutter diesen Wahnsinn sogar mit und brachte
den beiden bei jedem ihrer Besuche Möhrenkraut, aber auch
eine Packung Chicorée mit, weil »die Viecher«, sie sagte immer »die Viecher«, das doch so gerne aßen. So wie sie mir
immer die gleiche Schokolade mitbrachte, weil ich vor fünfunddreißig Jahren mal behauptet haben soll, die hätte ich
am liebsten. Und die Kinder kriegten immer eine Tüte Russisch Brot, obwohl sie versicherten, niemals auch nur an-
gedeutet zu haben, sie würden das Zeug mögen. Jedenfalls
haben wir im Keller schon ein ganzes Regal voller Russisch

Brot. Der Chicorée kam aber gut an. Wobei ich den Verdacht nicht loswurde, meine Mutter würde nur deshalb das Grünzeug mitbringen, weil sie immer noch davon ausging, wir würden »die Viecher« so gut ernähren, damit sie am Ende umso schmackhafter wären.

Wir unternahmen dann erste Freiluftversuche, indem wir die Kaninchen an der Leine in den Garten ließen. Natürlich erregten wir damit sofort die Aufmerksamkeit von Siggi, der die Gelegenheit nutzte, diesmal vor den Kindern als Publikum. Jedenfalls erzählte er ihnen, er habe auch mal ein Kaninchen besessen, das sei nicht nur sagenhafte vierzehn, fünfzehn oder gar achtzehn Jahre alt geworden, die Altersangabe schwankte im Lauf seiner Geschichte, es habe zudem allerlei Kunststücke beherrscht und ihm aufs Wort gefolgt.

Das taten unsere definitiv nicht. Deshalb begann ich unseren Garten ringsum mit Kaninchendraht zu sichern. Was es nicht einfacher machte, Bergmanns blöde Hecke zu schneiden. Wahrscheinlich würde er von seiner Seite aus meinen Kaninchenzaun kaputt machen – zu uns rüber durfte und wollte er ja nicht mehr – oder schlimmer, seine Heckenschere würde sich darin verheddern. Das war mir egal. Es kostete mich zwei Wochenenden und allerhand Geld, den Garten kaninchendicht zu machen. Dann riskierten wir den Test und ließen Muffel laufen. Erst blieb er am Terrassenrand sitzen und tat gar nichts. Bis er plötzlich aufsprang und weg war. Richtig weg. »Wo ist er?«, fragte Florian, denn Muffel war offiziell sein Karnickel, während Maxi unserer Tochter gehörte. »Spazieren«, sagte ich, »das tut ihm gut.« Ich schlug vor, Maxi ebenfalls laufen zu lassen, aber Sophie wollte nicht. Sie wollte erst einmal sehen, ob Muffel zurückkäme.

Irgendwann dämmerte es. Wie gesagt, so groß ist unser

Garten nicht, aber ein paar unübersichtliche Ecken gibt es schon. Ich schaute unter dem Rhododendron, bog das Tränende Herz beiseite und suchte hinter dem Kirschlorbeer. Ich ließ mich von meiner Frau beschimpfen, weil ich in ihren Beeten »rumtrampelte«, und von Florian, der mich beschuldigte, einen vollkommen untauglichen Zaun gesetzt zu haben: »Bestimmt hätte Opa das viel besser gekonnt.« Und überhaupt, wo war Muffel? Irgendwann suchte ich ihn mit der Taschenlampe, dem Jungen zitterte die Unterlippe. Ich überlegte schon, ob es mir wohl gelänge, genau den gleichen Hasen noch einmal zu bekommen, und ob Florian den Unterschied bemerken würde. Nun, es würde wohl nicht funktionieren, weil Maxi auf keinen Fall darauf reinfiele. Obwohl Muffel inzwischen kastriert war, führten die beiden eine vorbildliche Kaninchenehe und waren praktisch unzertrennlich. »Vielleicht sollten wir Maxi auf der Wiese festbinden und Muffel auf diese Weise anlocken«, schlug ich vor. Ich hatte etwas Ähnliches mal in »Jurassic Park« gesehen. Aber mir hörte niemand mehr zu. Denn kaum waren meine Worte verklungen, rief meine Frau: »Ich hab ihn« und zog unseren verhinderten Rammler unter der Schubkarre hinter dem Schuppen vor.

Nach diesem Erlebnis beendeten wir unsere Freilandversuche erst einmal und ließen die beiden stattdessen im Haus laufen. Sie dankten es uns, indem sie alles anknabberten, was ihnen vor die Zähne kam: Möbel, Kabel, Bücher. Einem sehr sorgfältig modellierten Gummielefanten nagten sie das Ohr ab, woraufhin das teure Tier, bis dahin der Star im Zoo unserer Tochter, nicht mehr mitspielen durfte. Ebenso ihre Lieblingspuppe, die einen Zeh einbüßte und solchermaßen entstellt ebenfalls verstoßen wurde. Der Schaden, den die Nager anrichteten, war also beträchtlich. Nur sie selbst konnten vollkommen folgenlos für die eigene Physis sogar Stromleitungen zerstören. Keine Frage, die beiden mussten wieder raus.

Weshalb mein Schwiegervater ihnen einen Zwinger baute, der unten und oben offen war. Wir stellten ihnen sogar ein Häuschen rein, und die beiden wirkten recht zufrieden. Vor allem begannen sie, den Löwenzahn aus meinem Rasen zu knabbern und auch die Halme recht kurz zu halten. Da es sich um einen transportablen Zwinger handelte, verschob ich ihn hin und wieder. Ich hoffte, die beiden würden auf diese Weise zur Rasenpflege beitragen. »Was tust du da?«, fragte Siggi erwartungsgemäß. »Ich habe die beiden darauf trainiert, den Rasen zu mähen«, behauptete ich, »die bleiben jetzt immer draußen.« Siggi stutzte, allerdings nur kurz. Dann erzählte er mir die Geschichte, von einem Freund, der hätte auch Kaninchen gehabt, die lebten in einem Zwinger auf der Terrasse. Irgendwann sei dann ein Fuchs gekommen, vielleicht sei es auch ein Marder gewesen, der habe nicht nur den Zwinger geknackt, er habe zudem kurzen Prozess mit den Kaninchen gemacht. »So ein Fuchs ist ja ein Wildtier«, behauptete er, »der steigert sich in einen regelrechten Blutrausch und tötet einfach nur noch, der konnte die ja gar nicht alle fressen.« Gefunden hätten die zerfetzten Tiere dann die Kinder seines Freundes. Sie seien danach sehr lange sehr traumatisiert gewesen.

Ich hatte zwar meine Zweifel an dieser Geschichte, hielt sie aber immerhin für möglich. Die beiden zogen wieder ins Haus und blieben dort erst einmal in ihrem kleinen Käfig. Schwiegervater baute ein stabiles Dach aus Maschendraht, das man auf dem immer noch transportablen Zwinger befestigen konnte. Der nun entstandene Käfig war beeindruckend. Er maß rund vier Quadratmeter, und man konnte ihn noch jahrelang auf Google Maps erkennen, wenn man in die Satellitenansicht ging. Man musste es zugeben, Schwiegervater hat da wirklich Talent. Jetzt konnte eigentlich nichts mehr schiefgehen. Unsere Kaninchen sahen einem wunderbaren Sommer in relativer Freiheit und Sicherheit entgegen. Was hatten die es gut bei uns!

Doch dann lernte unsere Tochter im Urlaub einen Hund kennen. Der war ganz anders. Man konnte ihn an den Ohren ziehen, er ließ sich bereitwillig streicheln, und auf Zuruf machte er sogar Männchen. Zu nichts davon wären unsere Kaninchen jemals bereit gewesen. Von diesem Moment an wollte unsere Tochter auch so ein Tier, behauptete, sich überhaupt nur für ein Kaninchen entschieden zu haben, weil ich einen Hund von vornherein schlechtgemacht hätte, und überhaupt, natürlich würde sie sich fortan um beide kümmern, um ihr Kaninchen und den Hund. Wenn sie denn einen hätte. Ich blieb hart. Jedenfalls ziemlich hart. Es gab nur zwei Probleme. Das erste war, dass mir meine Frau in den Rücken fiel. Offenbar gab es da ein lange verdrängtes Verlangen, das sie sich bisher nur nie eingestanden hatte: Sie wollte auch einen Hund. Das zweite war, dass meine Tochter mir den Urlaub zur Hölle machte, weil sie einen sehr wackligen Milchzahn hatte, einen ihrer letzten, nichts mehr essen konnte und eigentlich immer litt, wenn sie nicht gerade mit diesem Ferienhund zusammen war. Ich dachte daran, den Hund irgendwie mindernd bei der Hotelrechnung geltend zu machen, und während ich noch haderte, war ich natürlich abgelenkt. In diesem Moment der Schwäche sagte ich, wenn ich diesen Milchzahn ziehen dürfte, würde ich zu Hause über einen Hund reden. Meine Tochter machte sofort den Mund auf. Den Zahn zu ziehen, war ein Klacks, er hing wirklich nur noch an einem Zipfel.

Drei Wochen später geschah dann Folgendes: Im Büro klingelte mein Handy, während ich gerade in einem Gespräch mit meinem Chef war. Er guckte missbilligend. Ich schaute aufs Display, sah meine Frau, ging kurz ran. Sie sagte: »Ich muss was mit dir besprechen«. Ich sagte: »Ich ruf zurück« und drückte sie weg. Ich schwöre, genau so war es. Kurz vor Feierabend fiel mir das Gespräch wieder ein. Wie versprochen, rief ich an. »Zu spät«, informierte mich meine Frau, »komm erst mal nach Hause.«

Als ich durch die Gartentür ging, sah ich einen Hund. Eine Promenadenmischung, braun-weiß gescheckt, irgendetwas zwischen Rauhaardackel, Terrier und Cockerspaniel. Er galoppierte auf mich zu, die Ohren flatterten. Bei mir angekommen, sprang er erst an mir hoch, ließ sich dann tätscheln und himmelte mich anschließend einfach nur an. Ich glaube, ich hatte solch rückhaltlose Bewunderung nicht mehr erlebt, seit unsere Kinder ihren zweiten Geburtstag hinter sich hatten. »Wer ist das?«, fragte ich trotzdem ein wenig irritiert. »Das ist Duffy.« Einen Namen hatte er also auch schon. »Duffy ist aus dem Tierheim.« Meine Frau erzählte dann eine herzzerreißende Geschichte, die darin gipfelte, dass wir diesem kleinen Hund – er war ein Jahr alt und stubenrein, wie meine Tochter hervorhob – quasi das Leben retten würden, wenn ich nur zustimmte. Duffy schaute mich mit diesem Blick an, wie ihn nur Hunde draufhaben.

»Wollten wir nicht darüber sprechen?«

»Du hast mich weggedrückt und nicht zurückgerufen.«

Dann wurde mir glaubhaft versichert, dass Duffy erst einmal nur zu Probe bei uns wäre. Wir hätten ein dreitägiges Rückgaberecht.

Der nächste Tag war die Hölle. Ich hatte die Kaninchen am Morgen in ihrem Gartenzwinger ausgesetzt. Der Hund gebärdete sich wie toll. Er raste wie ein Irrer laut kläffend um den Zwinger, und es war ganz offensichtlich, dass er kurzen Prozess machte, wenn man ihm nur die Chance geben würde. Erstaunlicherweise blieb Muffel äußerlich vollkommen kühl. Er richtete sich auf und klopfte mit den Hinterläufen auf den Boden. Ich hatte mal gelesen, dass Wildkaninchen das genauso machen würden, wenn sie ihre Herde warnten. Nur, dass Muffels Herde ausschließlich aus Maxi bestand. »Das geht nicht«, sagte ich kategorisch, »der Hund muss weg, die Karnickel haben die älteren Rechte.« Außerdem machten sie nicht solch einen Lärm. Meine Frau hielt dann dem Hund eine sehr ernste Ansprache, dass er nämlich wegkäme, wenn er die Kaninchen nicht in Ruhe ließe. Das Eigenartige war, dass er das scheinbar auch begriff. Wie er überhaupt schnell verstand, wo sein Platz in der Hierarchie unserer Herde sein würde: ganz unten nämlich.

Mich begrüßte er die nächsten Tage mit schon ans Peinliche grenzender Ehrerbietung. Allerdings schliff sich das rasch ab. Ungefähr eine Woche nach Ablauf seiner Probezeit empfing er mich nicht mehr überschwänglich an der Gartenpforte, sondern lag im Gegenteil auf meinem Lieblingsplatz in der Sofaecke. Wo er sich damit begnügte, zu meiner Begrüßung ein Ohr zu heben. Außerdem musste ich feststellen, dass er zumindest eine meiner Ansichten teilte: Er betrachtete unseren Garten weniger als Schmuck- denn als Nutzgarten. Nur, dass er da ganz eigene Vorstellungen entwickelte. Und auf seine Weise bei der Verwirklichung dieses Traums schon ein Stück weiter war als ich.

Während ich zu diesem Zeitpunkt als Obstbauer nur mäßig erfolgreich war, hielt er schon reiche Ernte. Ab und zu brachte ihm Schwiegermutter nämlich einen schönen

Markknochen mit. Und den fraß er keineswegs sofort. Viel lieber vergrub er ihn erst einmal.

Ich weiß nicht, ob er sich dabei irgendetwas dachte, ob er vielleicht glaubte, daraus würde einmal ein Knochenbaum wachsen. Ich vermute eher nein. Viel wahrscheinlicher war doch, dass der Hund nur instinktgesteuert handelte. Und sein Instinkt sagte ihm, es könnte mal eine Zeit kommen, da bringt mir vielleicht keiner mehr einen schönen Markknochen, da bringt mir vielleicht niemand mehr irgendetwas. Immerhin war er ja aus dem Tierheim, was den Verdacht nahelegte, dass er auch schon härtere Zeiten als bei uns erlebt hatte. Falls also eine Notlage eintreten sollte, bräuchte er nur den Garten umzugraben, und über kurz oder lang würde er einen Knochen finden. Eher über kurz wahrscheinlich, weil er inzwischen zu meinem Leidwesen schon eine ganze Menge Knochen vergraben hatte. Da der Nachschub nicht nachließ, wurde es allerdings immer unwahrscheinlicher, dass er die jemals alle wiederfand. Angenommen also, Archäologen graben unser Haus in irgendeiner fernen Zukunft aus, dann werden sie auf eine Menge Knochen stoßen. Wahrscheinlich werden sie unseren Garten dann für die Lagerstätte durchziehender Jäger halten und irgendeine wackelige Theorie darauf gründen.

Es war natürlich auch möglich, dass es sich bei Duffys Buddelei um eine dem Hund angemessene Form der Essenszubereitung handelte. Ich hatte bereits bemerkt, dass Hunde eine seltsame Vorliebe für alles, was stinkt, haben. Selbst bei wohlmeinenden Menschen löst diese Angewohnheit zuweilen Befremden aus. Einmal grub er zum Beispiel ein Schweineohr aus, das schon eine Weile in der Erde gelegen hatte. Schwiegermutter, die zufällig anwesend war, hielt das modrige Stück zunächst für eine Art Trüffel, erkannte dann ihren Irrtum und wollte das Schweineohr mit Hilfe des Gartenschlauchs in einen ihrer Meinung nach appetitlicheren Zustand versetzen. Zum Glück konnten wir sie gerade noch davon abhalten. Ich glaube, der Hund wäre bitter enttäuscht gewesen, wenn man ihm das Schweineohr, das er so sorgsam hatte vergammeln lassen, mit dem Schlauch abgesprengt hätte.

Ich wollte mit meiner Bemerkung eben natürlich nichts Despektierliches über Archäologen sagen. Die leisten großartige Arbeit. Israelische Experten zum Beispiel haben vor nicht allzu langer Zeit in der Ausgrabungsstätte Ain Mallaha das zehntausend Jahre alte Grab eines Mannes gefunden, dessen Hand auf dem Skelett eines neben ihm bestatteten Hundes lag. Ist das nicht eine rührende Geschichte? Wenn es eines Beleges bedurft hätte, dass der Hund schon lange der beste Freund des Menschen ist, dann ist dieser Fund doch ganz eindeutig. Welches andere Tier kann da mithalten? Das Pferd hatte einige Hundert Jahre lang ganz gute Aussichten. Und heute? Führt es ein Randdasein, betüttelt von ein paar weiblichen Teenagern. Hühner, Schweine und Rinder hat es noch viel ärger getroffen, sie vegetieren in zumeist überfüllten Ställen dahin. Der Hund dagegen hat es sich auf unseren Sofas gemütlich gemacht.

Ich war dabei, meinen Frieden mit dem Hund zu machen. Und mit den Karnickeln sowieso. Sie standen unter meinem besonderen Schutz. Ich sah ihnen gern beim Spielen zu, wie Muffel hochaufgerichtet wieder den Herdenchef gab, bereit, seine Gefährtin im Ernstfall zu warnen. Ich beobachtete ihn eine ganze Weile, bis mir auffiel, dass Maxi gar nicht mehr da war. Ich ging hin und stellte fest, dass die Hütte nicht mehr in der Mitte des Zwingers stand, sondern am Rand. Ich hob sie hoch, und vor mir tat sich die Erde auf. Maxi hatte ein mittlerweile ziemlich tiefes Loch gegraben. Ich weiß nicht, ob sie das mit Absicht getan hatten, jedenfalls hatten sie ihre Hütte über den Eingang dieses Tunnels geschoben, über dessen Richtung es keinen Zweifel geben konnte: nach draußen. Die beiden benahmen sich wie Ausbrecherkönige. Sofort verschob ich den Käfig, was ich in der Folge noch ein paar Mal machen musste. Wobei mir Maxi meinen Rasen mit einem halben Dutzend Löchern perforierte. Wir stellten den Zwinger daraufhin auf die gepflasterte Terrasse.

Ich war nicht begeistert darüber, dass sowohl der Hund mit seiner Buddelei als auch die Kaninchen mit ihren Tunnelbauten es darauf anlegten, meinen Rasen zu ruinieren. Doch als Maxi starb, ging mir das ans Herz. Acht Jahre wurde sie alt, ironischerweise genau die Zeit, die ich ihr am Anfang zugebilligt hatte. Zum Schluss ging alles sehr schnell. Am Abend vorher fraß sie nicht mehr, den Morgen darauf brachte ich sie zum Tierarzt. »Der Magen«, sagte die Ärztin, »lassen Sie sie hier.« Zwei Stunden später kam der Anruf, Maxi sei gestorben. Vielleicht hätte ich sie gleich mitnehmen sollen, dann wäre sie wenigstens neben ihrem langjährigen Gefährten von uns gegangen. »Wie wollen Sie es machen?«, fragte mich die Ärztin, »wollen Sie Ihr Kaninchen abholen, oder sollen wir uns darum kümmern?« Maxi, ein Fall für die Tierkörperbeseitigung? Das kam gar nicht in Frage. »Darf man denn Tiere im eigenen Garten begraben?«, fragte ich. »Kleintiere ja, wenn es sich nicht um ein Wasserschutzgebiet handelt und die Grube mindestens fünfzig Zentimeter tief ist.« Wir wohnten nicht in einem Wasserschutzgebiet. Und ich wollte, dass Maxi in dem Garten begraben liegt, in dem sie im Sommer über den Rasen gehoppelt war, wenn sie nicht gerade versuchte, sich darunter durchzugraben. Wahrscheinlich hatte sie in diesem Garten sogar mehr Zeit verbracht als ich.

Das Ganze ereignete sich rund fünfunddreißig Jahre, nachdem ich Yogi, meinen Hamster, in einer Zigarrenkiste neben dem vom Blitz getroffenen Kirschbaum zur letzten Ruhe gebettet hatte. Yogi war bis zu Maxis Tod mein letztes Haustier gewesen. Und irgendwie ging mit seinem Tod meine Kindheit zu Ende. Nicht, dass ich danach gleich aus meinem Elternhaus ausgezogen wäre, aber für Haustiere war danach kein Platz mehr in meinem Leben. Übrigens steht heute über Yogis Grab ein Haus, den Garten gibt es ja in der alten Form gar nicht mehr.

Sophie war jetzt fast vierzehn. Und ich ging natürlich davon aus, dass auch Maxi vorerst ihr letztes eigenes Haustier sein würde – der Hund gehörte ja irgendwie uns allen. Wir begruben das Kaninchen unter der ehemaligen Buddelkiste. Was war ich froh, dass wir diesen Garten hatten. Denn was hätte ich sonst mit Maxi tun sollen?

Es dauerte dann auf den Tag genau ein Jahr, bis es Muffel erwischte. Auf seine alten Tage war er dann doch noch sehr zutraulich geworden. Früher hatte er sich immer in die hinterste Ecke seines Stalls zurückgezogen, wenn man die Hand hineinstreckte. Nun ließ er sich kraulen, leckte einem sogar die Finger mit seiner kleinen Hasenzunge. Seit er Witwer war, war der alte Hase, er war inzwischen fast neun, was in Menschenjahren umgerechnet ungefähr einem Alter von fünfundachtzig entsprach, einsam. Doch das war noch sein geringstes Problem. Obwohl er Zeit seines Lebens nur frisches Gras und Rohkost geknabbert hatte, schwächelte er. Sein Hasenherz war ein wenig angegriffen, am schlimmsten aber stand es um seine Zähne, massive Wurzelentzündung, sagte die Tierärztin. Das ist dramatisch für ein Kaninchen, das eigentlich nur funktioniert, wenn es ununterbrochen futtert, sonst kollabiert es sehr schnell.

Diesmal hob ich vor dem Frost eine Grube aus, weil ich nur zu gut wusste, was es für eine Schinderei ist, wenn man das im knüppelhart gefrorenen Boden versucht. Im März bestatteten wir ihn im immer noch gefrorenen Boden. Es war eine ergreifende Zeremonie. Wir hatten jetzt einen Tierfriedhof, wo früher die Buddelkiste gestanden hatte.

Danach gingen wir mit dem Hund umso pfleglicher um. Denn so richtig helle war Duffy nicht. Er fraß alles, selbst wenn das gar nicht gut für ihn war. Schön, das gilt für Menschen auch. Manche rauchen sogar, das wenigstens tat der Hund nicht. Aber wenn jemand kritiklos in sich reinschaufelt, was ihm vor die Schnauze kommt, kann das auch im heimischen Garten ziemlich heikel werden.

Besonders problematisch wurde es, wenn meine Frau düngte. Der Hund folgte ihr auf dem Fuße und fraß alles, was sie fallen ließ. Blaukorn zum Beispiel, fand er super, bekam er prompt Durchfall von. Oder Hornspäne, leckte er sich die Schnauze nach, das ist für ihn eine Delikatesse, etwa so wie Kartoffelchips für die Kinder. Das Dumme ist nur, Hornspänen wird oft Rhizinusschrot beigemischt, um den Stickstoffgehalt zu erhöhen. Rhizin ist aber nicht nur aus dem Rizinusöl bekannt, es ist auch eines der potentesten Gifte überhaupt, das sogar Pferde von den Hufen haut. Hunden kann schon eine kleine Dosis zum Verhängnis werden. Deshalb wird von Tierärzten immer wieder vor Vergiftungsfällen gewarnt. Kindern, nur mal nebenbei, bekommt das Zeug auch nicht, aber die knabbern ja auch keinen Dünger vom Rasen.

Eigentlich soll heutiger Dünger gar kein Rhizin mehr enthalten, das wird bei der Verarbeitung durch Erhitzen unschädlich gemacht. Trotzdem wird immer wieder vor Vergiftungsfällen gewarnt. Weshalb man lieber darauf achten sollte, ausschließlich Dünger zu verarbeiten, der ausdrücklich für Haustiere unbedenklich ist. Noch besser wäre es natürlich, wenn man dem Hund klar machen könnte, dass er keine Hornspäne mehr frisst. Schließlich habe ich auch das Rauchen aufgegeben.

Doch leider ist es uns bisher nicht gelungen, den Hund von einigen seiner dummen Gewohnheiten abzubringen. Bis heute hält er es für eine seiner Aufgaben, den Briefträger anzupöbeln. Einmal hat er sogar die Post mit seinen kleinen Reißzähnen gelocht, als wir vergessen hatten, die Briefkastentür von innen zu schließen. Weil sich in dem Umschlag Konzertkarten befanden, war ich ganz schön sauer. Und habe einiges Geld in ein ganz besonderes Halsband investiert. Daran war eine kleine Box montiert, die dem Hund einen scharfen Wasserstrahl verpasste, wenn er sich zu laut muckste. Für schwere Fälle kann man sogar noch Zitronensaft untermischen. Duffy war nachhaltig beeindruckt, und für ein paar Tage bellte er überhaupt nicht mehr, wenn sich der Postbote am Gartenzaun blicken ließ. Stattdessen begrüßte er ihn nur noch kaum hörbar winselnd. Und zwar auch, wenn er das Gerät gar nicht mehr trug. Der Postbote, ein mitfühlender Mensch, gab sich besorgt. »Was hat er denn?«, wollte er wissen. Ich erklärte es ihm, und Duffy legte den Kopf schief, setzte dazu seinen traurigsten Hundeblick auf. »Wäre doch nicht nötig gewesen«, sagte der Mann in Blau-Gelb, der Duffy nur als zähnefletschenden Wüterich kannte, »der arme Hund!«

Das war der Moment, in dem ich mich fragte, ob ich solch einen Blick eigentlich auch lernen könnte.

11
Eindringlinge, gewollt und ungewollt

Eines Abends stand ich auf der Terrasse und beobachtete unsere Ländereien. »Alles meins«, dachte ich beim Anblick des nicht besonders großen Grundstücks. Ein gutes, neues Gefühl, denn wir hatten den Garten zu diesem Zeitpunkt noch nicht lange. Es war eine sommerwarme Nacht, am Nachmittag hatte es geregnet, ich atmete den Duft der feuchten Erde ein. Plötzlich hörte ich ein eigenartiges Geräusch aus den hinteren Büschen. Das waren definitiv keine Grillen, die da zirpten, sondern erst ein Stöhnen, dann ein Quieken, ziemlich laut. Keine Frage, ich war nicht allein in diesem Garten, und was ich da hörte, klang, ich mochte es kaum glauben, ziemlich obszön. Ich griff mir eine Taschenlampe, ließ sie aber erst einmal ausgeschaltet und schlich ins Dunkle, immer dem Geräusch nach, jetzt eher ein hektisches Schnaufen. Ich erreichte die Büsche, konnte im fahlen Licht der Hausnummernbeleuchtung unseres Nachbarn aber nichts erkennen. Jedenfalls nichts Großes. Vorsichtig bog ich die Büsche auseinander, sah immer noch nichts und knipste die Taschenlampe an. Im Lichtkegel hockten zwei Igel aufeinander, jeder kaum größer als eine Kokosnuss, und obwohl ich nichts über das Paarungsverhalten der Igel wusste, war mir klar, was die beiden da trieben. Klingt vielleicht komisch, aber es war mir fast ein wenig peinlich. Jedenfalls schaltete ich die Lampe wieder aus und zog mich zurück.

Toll, dachte ich, wir geben wilden Tieren ein Obdach. Gleich fühlte ich mich noch ein bisschen besser. Das hatten wir in unserer Stadtwohnung nicht gehabt. Ich haderte nämlich hin und wieder immer noch mit unserer Entscheidung, hier herausgezogen zu sein, wo die Lichter der Großstadt nachts schon ziemlich gedimmt wurden und ich das Gefühl hatte, sehr schnell, sehr endgültig erwachsen geworden zu sein. Aber dort, in der Stadt, wäre ich nie Augenzeuge von derart wildem Leben geworden.

Anderntags dachte ich immer noch an die Begegnung in den Büschen. Igel tragen fünfunddreißig Tage, las ich in einem alten Biologiebuch, das Weibchen zieht die Brut allein auf, das Männchen lässt sich nicht mehr blicken. Schade eigentlich, ich hatte mir vorgestellt, dass die zwei ihre Jungen vielleicht als Familie in unserem Garten großziehen, wir würden ihnen ab und zu mal was rausstellen und auch sonst auf sie achten. Tatsächlich sah ich keinen der beiden Igel in den nächsten Wochen wieder, war vielleicht nur eine Zufallsbekanntschaft, und so ein Igelrevier war erheblich größer, als von mir im ersten Überschwang vermutet. Dafür spähte ein paar Tage später ein Fuchs durch die Scheibe der Terrassentür. Ich war schon überrascht über so viel Frechheit, dass der Kerl es wagte, uns derart nahe zu kommen. Außerdem stimmte mich die Anwesenheit des Räubers ein wenig besorgt, ich hoffte, dass ihm die inzwischen wahrscheinlich trächtige Igelmutter nicht vor die hungrige Schnauze laufen würde. Im Übrigen fand ich aber auch den Fuchs gut. Dass sich da draußen überhaupt wilde Tiere herumtrieben, nahm ich als gutes Zeichen. Bisher hatten wir immer in den Zoo gehen müssen, wenn wir mal eine

Ahnung von freier Wildbahn bekommen wollten. Nur, um dann ein wenig melancholisch festzustellen, dass die wilden Gesellen da ja alle hinter Gittern saßen. Jetzt hatten wir die Natur vor der Tür. Sie war ungezähmt, und wir waren ein Teil von ihr. »Schatz«, sagte ich also zu meiner Frau, »wollen wir das da draußen nicht ein bisschen als Biotop gestalten?«

Meine Frau wollte kein Biotop. Sie verfolgte ihre eigenen Pläne. Und wer ihr da in die Quere kam, der konnte was erleben. Der Giersch zum Beispiel. Auch ein wilder Geselle, auch ein Eindringling, aber anders als die Igel oder der Fuchs, die nur mal kurz vorbeischauten, um sich dann wieder davonzumachen, kam der Giersch, um zu bleiben. Es ist schon erstaunlich, manche Pflanzen gedeihen im einen Jahr ganz prächtig, unser Tränendes Herz zum Beispiel suchte in den ersten Jahren seinesgleichen, aber ein schlimmer Winter mit spätem Frost im Frühjahr, und die eben noch so üppige Staude wird zum mickrigen Pflegefall. Ganz anders der Giersch. Keiner hat ihn gerufen, niemand ausgesät, aber er ist ganz einfach da, gedeiht immer. Mir ringt das eine gewisse Hochachtung ab, und eigentlich habe ich nichts gegen den Giersch. Er soll sogar ganz schmackhaft sein, galt den alten Römern als eine Art Vorläufer des Rucola. Es heißt, sie waren es auch, die ihn über die Alpen mitbrachten. Der Giersch verbreitete sich ursprünglich entlang der Römerstraßen in Europa.

Meine Frau verfolgte ihn, wie gesagt, unnachgiebig, hatte in ihm aber einen zähen Gegner. Der Giersch überwuchert gern sorgsam angelegte Beete mit seinen gefiederten Blättern unter weißen Blütendolden auf kahlen Stängeln, verkrautet sie, bis alles in einem dichten, den Boden bedeckenden Dickicht untergeht. Es sah schon mehrfach so aus, als hätte meine Frau über ihn triumphiert, wenn nach tagelanger Arbeit auf den Knien das Erdreich unter dem vormals grünen Teppich wieder zum Vorschein kam. Aber der Giersch hatte sich dann allenfalls zurückgezogen. Er überdauerte unterirdisch, verbreitete sich dort unsichtbar über große Flächen, tauchte an unerwarteter Stelle wieder auf. Man kann versuchen, ihm mit Gift beizukommen, aber das ist sinnlos, man trifft nur die Falschen. Von der Firma Neudorff, Spezialist für tierverträgliche Dünger und Unkrautvernichtungsmittel, soll es ein Mittel geben, mir fehlt da der Glaube. Es gibt nur einen Weg, den Giersch zu besiegen: Alles rausreißen, die Erde sieben und anschließend den Garten ringsum mit Teichfolie absichern, die man mindestens dreißig Zentimeter tief in den Boden treibt. Macht natürlich keiner. Und deshalb muss man irgendwie mit dem Giersch leben. Am besten macht man es wie meine Frau, kauft sich ein Kissen für die Knie und nimmt das jährlich wiederkehrende Jäten als eine Art Ritual. So ähnlich wie Hausputz. Es gibt nur wenige vergleichbare Plagen, die einen im Garten heimsuchen können. Efeu vielleicht, den finde ich schlimm, der gehört eigentlich auf den Friedhof. Manche lassen den Efeu ja freiwillig an ihrer Wand hochklettern, verleihen ihrem Haus damit vielleicht etwas Verwunschenes. In meinem Elternhaus hatten wir Efeu an einer Hauswand – und im Sommer unfassbar große Spinnen im Bad, die den Efeu als Einstiegshilfe nutzten. Ich weiß noch, wie ich mich als Kind einmal nicht mehr vom Klo runtertraute, weil auf der Schwelle zum Flur eine Riesenspinne hockte. Der Efeu kam bei uns ähnlich hartnäckig durch die Hecke wie sonst nur der Giersch. Und wir versuchten, ihm Einhalt zu gebieten.

Ein attraktiverer Eindringling als der Efeu ist die Ackerwinde. Die kann man ausreißen, zerstückeln, vergraben, aus kleinsten Wurzelresten wird sich die Pflanze regenerieren.

Dabei sieht sie tückischerweise recht hübsch aus, weshalb man sie zunächst in ihrem Treiben unterstützen mag. Bis man dann feststellt, wie schwer es ist, sie wieder loszuwerden, und wie hartnäckig sie sich um alles wickelt, was man ihr reicht. Ihre Stängel sind zäh wie Draht, und am besten bekämpft man sie von unten nach oben, nur dann hat man eine Chance, sie von Zäunen, Bäumen oder aus Stauden wieder zu lösen. Wer eine Ackerwinde an seinem Zaun bemerkt, sollte sich gut überlegen, ob er wirklich auf sie reinfallen will.

Meine Frau saß erschöpft auf der Terrasse, nachdem sie sich mal wieder bemüht hatte, den Giersch zu roden. Sie versuchte, die erdverkrusteten Gartenhandschuhe auszuziehen, was nicht leicht war.

»Ach«, sagte sie, »war das schön damals.«

Ich wusste nicht, was sie meinte, fragte: »Als wir noch keinen Garten hatten?«

»Unsinn«, erwiderte sie, während sie endlich den zweiten Handschuh von den Fingern gepflückt bekam, »ich meine den Strandkorb auf Sylt.« Seit Tagen sprach sie nun schon von diesem Strandkorb, seit sich mein Schwiegervater einen für seine Laube gewünscht hatte. Meine Frau verbrachte als Kind mit ihren Eltern diverse Sommer auf Sylt. Natürlich sei jeder dieser Sommer strahlend schön gewesen, mit einer Nordsee so warm wie sonst nur das Mittelmeer. Ich glaube ja, dass das zu den Mythen in der Familie meiner Frau gehört, so wie ich in meiner Erinnerung ständig makelloses Obst erntete und jetzt schon froh sein muss, wenn bei uns mal eine Birne reift.

Ich kann dazu nur sagen, der einzige Sommerurlaub, den wir zusammen auf Sylt verbrachten, war wettertechnisch eine einzige Katastrophe. Von daher konnte ich ihre

Nostalgie nicht ganz nachvollziehen. Außerdem hatten wir uns nur ein einziges Mal einen Strandkorb gemietet. Weil mir das zu teuer war, hatte ich ein Strandzelt für uns besorgt, in das wir uns ganz tief hineinkauerten, während der Wind den Regen vorne reintrieb. Ich bezweifele mal, dass das im Strandkorb viel toller geworden wäre, aber meine Frau bestand darauf: So ein echter Strandkorb wäre im Garten irre gemütlich, und man könnte da bestimmt auch im Oktober noch prima im Garten sitzen. »Woher willst du das wissen?«, antwortete ich immer noch skeptisch, »du kennst doch Sylt nur bei Sonne.« Nun, mit Logik war da nichts zu machen, sie wünschte sich unbedingt so ein Ding, und ziemlich schnell hatte sie auch einen. Ein Ausstellungsstück, hätten sie ihr im Möbelhaus zum Saisonende praktisch hinterhergeworfen. Also, im übertragenen Sinne. In Wirklichkeit war das Ding ungeheuer schwer, wir mussten es nämlich über den Zaun heben, weil der Kasten nicht durch die Gartenpforte passte.

Aber als er erst einmal stand – ich muss zugeben, bequem war er schon. Man saß geschützt, es gab eine Art Hocker zum Ausklappen für die Füße, und an der Seite war ein kleines Tischchen, ebenfalls zum Ausklappen. Trotzdem sollte uns dieser Strandkorb schon bald in eine schwere Nachbarschaftskrise führen. Es erwies sich nämlich, dass Runges Katze unseren Strandkorb ebenso bequem fand. Frau Runge stritt zwar ab, dass ihre Muschi so etwas tun würde, und es handele sich bei dem ungebetenen Gast sicherlich um den räudigen Kater von Wagners. War mir auch egal, jedenfalls roch es im Strandkorb meiner Frau sehr deutlich nach Katzenpisse. Und zwar durchdringend. Unser Nachbar Siggi machte es noch ein bisschen schlimmer, indem er mir von einer Katze erzählte, die in einer Hollywoodschaukel ihre

Jungen zur Welt gebracht hätte. »Das Möbel konntest du danach komplett vergessen.«

Natürlich legte ich mich daraufhin auf die Lauer, ertappte die Katzen sogar ein paar Mal, es waren sowohl Nachbars Muschi als auch Wagners räudiger Kater, hoffentlich paarten sie sich nicht in unserem Gartenmöbel. Wenn ich einen der beiden sah, machte ich rücksichtslos von der Wasserpistole Gebrauch. Aber das nutzte alles nichts, wurde doch unser Strandkorb vorzugsweise als Nachtlager missbraucht. Und ich hatte wirklich keine Lust, nachts da draußen Patrouille zu gehen.

Wir ergingen uns dann in allerlei gewalttätigen Fantasien. Ich fabulierte von einer elektrischen Falle, die ich vielleicht konstruieren könnte, aber wenn man die Sache realistisch betrachtete, hatte ich viel zu wenig Ahnung von Elektrik für so etwas. Wahrscheinlich würde ich nur ein Loch ins Polster brennen. Es gibt auch Geräte, die einen für menschliche Ohren nicht hörbaren Ton aussenden, der Katzen vertreiben soll. Ich bin allerdings immer skeptisch, wenn ich Geld für Geräte ausgeben soll, bei denen nichts zu hören ist. »Ich fürchte«, sagte ich also in einem Anfall von Realismus, »damit musst du leben. So ein Garten ist eben ein Stück Natur. Da ist immer ein bisschen Kommen und Gehen.«

»Verpiss-dich-Kraut«, konterte meine Frau, »das war der Name, der mir nicht gleich einfiel.« Sie hatte in ihrer Gartenzeitschrift von dieser Pflanze gelesen, einem Harfenstrauch, den ein deutscher Züchter 2001 auf den Markt gebracht hatte. Das nicht besonders attraktive Kraut soll den Duft ätherischer Öle verströmen und damit Katzen vertreiben. Wir hielten das zunächst für eine gute Idee, bis wir lasen, dass das Kraut auch Kaninchen den Gartenbesuch verleidet. Wir hatten zu diesem Zeitpunkt schon die zwei Kaninchen, die wir ja eigens angeschafft hatten, damit sie sich im Garten tummeln konnten. Das Katzenproblem blieb ungelöst, obwohl unsere Nachbarin ein Einsehen hatte und den Zaun zwischen uns ihrerseits erhöhte. Ihre Muschi nahm indessen auch diese Hürde, ohne zu zögern.

Die Lösung unseres Problems ist bereits bekannt: Sie wog sechseinhalb Kilo, war braun-weiß gescheckt und hieß Duffy, unser neuer Hausgenosse aus dem Tierheim. Duffy war eine terrierhaltige Promenadenmischung, eigentlich ein Weibchen, ich sprach trotzdem immer von »ihm«, weil es ja der Hund ist. Auf mich wirkte er nicht besonders gefährlich. Trotzdem sagte ich zu Siggi, »vielleicht kann Duffy die Katzen ja fernhalten.« Worauf Siggi mir von einer Katze erzählte, die er mal gekannt habe und die mit einem Schäferhund kurzen Prozess gemacht hätte. »An deiner Stelle würde ich besser auf den Hund aufpassen«, gab mir Siggi also mit auf den Weg, »Wagners räudiger Kater kratzt dem doch die Augen aus, und selbst Runges Muschi wird mit dem fertig.« Ich war besorgt und meine Frau, der ich davon erzählte, erst recht. Wir beschlossen, Duffy nur unter Aufsicht in den Garten zu lassen, schon zu seinem Schutz. Außerdem misstraute ich ihm zu Beginn, fürchtete, Duffy würde unseren Garten als Hundetoilette missverstehen, was ich ihm sehr übel genommen hätte. Zumindest das war völlig unbegründet, Duffy verstand den Garten vom ersten Tag an wie ich auch als eine Art verlängertes Wohnzimmer und reagierte seinerseits sehr verstört, als mal ein Hund zu Besuch kam und an unseren Rabatten das Bein hob. Wir luden den Hund nicht wieder ein, Duffy war sehr einverstanden mit dieser Maßnahme. Und dann kam der Tag, als unser Hund zum ersten Mal Nachbars Katze im Garten bemerkte. Das Ergebnis war schockierend.

Man muss dazu sagen, dass sich Duffy über seinen zwergenhaften Körper – seine Schulterhöhe übertraf die eines Dackels nur unwesentlich – nicht ganz im Klaren war. Es kam jedenfalls vor, dass er weit größere Hunde in völliger Verkennung der Lage ankläffte. Zum Glück blieb das bisher immer folgenlos, weil keiner der Attackierten Duffy für einen satisfaktionsfähigen Gegner hielt.

Duffy schien sich auch für einen gefährlichen Jäger zu halten. Mitunter verharrte er ganz plötzlich mitten im Lauf minutenlang auf drei Pfoten vollkommen regungslos, die vierte leicht angewinkelt erhoben, während er das Wild mit dem Blick fixierte. Einmal verblüffte er mich, wie er dabei konsequent nach oben starrte, den Kopf weit in den Nacken gelegt, schaute er in die Wolken. Natürlich guckte ich auch, sah aber nichts. Ich zeigte unbestimmt in verschiedene Richtungen, in der Hoffnung, Duffy würde zustimmend bellen, wenn die richtige dabei wäre, aber das funktionierte nicht. Man kann einem Hund offenbar nichts zeigen, jedenfalls nichts, das sich in einer unbestimmten Ferne befand. Das ist genauso sinnlos wie der Versuch, mit ihm zusammen fernsehen zu wollen. Das langweilt ihn so lange, bis im Fernseher einer bellt, darauf reagiert er, sonst nicht. Hunde können auch nichts sehen, wenn sie in einen Spiegel schauen. Elefanten dagegen schon, das hat der holländische Zoologe und Verhaltensforscher Frans de Waal nachgewiesen. Ich würde gern mal wissen, ob Elefanten fernsehen können.

Schließlich sah ich dann doch, was den Hund so gefesselt hatte: ein Eichhörnchen. Inzwischen weiß ich, er ist ganz verrückt nach Eichhörnchen. Da muss man aufpassen, weil er alles vergisst, wenn er ein Eichhörnchen sieht. Da würde der glatt auf die Straße rennen, das dumme Tier. Er versucht dann sogar, auf die Bäume zu klettern, anderthalb Meter schafft er locker. Erstaunlich für einen so kleinen Hund, für ein Eichhörnchen reicht das natürlich nicht. Zum Glück, ich bin mir nämlich nicht sicher, was Duffy täte, wenn er das Eichhörnchen wirklich erwischt. Würde er nur spielen oder wirklich brutal werden?

Jedenfalls kam dieser besagte Tag mit der Katze. Ich hatte die Terrassentür gerade geöffnet, und wir sahen das Tier gleichzeitig. Es war Nachbars Muschi, sie saß vor dem Strandkorb.

Diesmal begnügte sich Duffy nicht damit, erst einmal auf drei Beinen stehen zu bleiben. Er raste los, ansatzlos, als ob man ihn vom Katapult abgeschossen hätte. Die Katze dachte gar nicht daran, Widerstand zu leisten, im Gegenteil. Sie machte sofort kehrt und sprang auf die Biotonne. Duffy auch. Muschi setzte über den Zaun in ihren heimischen Garten, Duffy auch. Er schien sogar Boden gutzumachen, weil Sprung, Landung und Weiterrennen eine einzige, fließende Bewegung waren. Der ganze Körper, von der schwarzen Nasenspitze, über die eng nach hinten liegenden Ohren bis zum Schwanz war er eine gestreckte Linie, seine Pfoten schienen kaum mehr den Boden zu berühren. Die Katze schlug Haken auf engstem Raum. Duffy auch. Schließlich erreichte sie die heimische Terrasse und verschwand durch die Katzenklappe, die Runges ihr dort angebracht hatten, damit ihre Katze jederzeit rein und raus konnte. Duffy hechtete gleichfalls durch die Klappe. Für einen Moment dachte ich, er würde steckenbleiben, ach was, ich hoffte, er würde steckenbleiben. Dem war aber nicht so, Duffy verschwand im Innern von Runges Haus, und ich stellte mir vor, wie sich die beiden jetzt da drinnen eine Verfolgungsjagd lieferten. Ich erwartete den Klang splitternden Porzellans zu hören.

Zum Glück waren Runges zu Hause, und Herr Runge

beendete die Jagd durch beherztes Eingreifen. Natürlich entschuldigte ich mich wortreich, ich muss aber gestehen, dass ich klammheimliche Freude empfand, vielleicht so etwas wie Stolz. Ich hatte Duffy noch nie derart schnell gesehen, ja, ich hätte ihm diese Raserei niemals zugetraut.

Wir rückten dann die Biotonne vom Zaun ab, damit Duffy sie nicht länger als Brücke benutzen konnte, ersetzten den Karnickelzaun, mit dem wir bisher unseren Garten ausbruchssicher gestaltet hatten, durch etwas Stabileres. Duffy hatte es geschafft, den alten Zaun mit seinem Körpergewicht runterzudrücken und war dann durch die Hecke verschwunden, wieder auf der Jagd nach irgendeinem Tier, das nach seiner Meinung nichts in unserem Garten verloren hatte. Meine Frau war vollkommen außer sich, weil er einfach nicht zurückkehrte. Und ich fürchtete schon, Duffy hätte die Verfolgung auch diesmal ohne Rücksicht auf Verluste fortgesetzt, wäre einem Hundefänger in die Arme gelaufen und müsste den Rest seiner Tage in einem Forschungsinstitut verbringen. Oder sehr viel wahrscheinlicher: Er war einfach überfahren worden, während er mit erhobenem Kopf einem Eichhörnchen hinterherhechelte.

Wahrscheinlich wäre er tatsächlich bis zum Horizont weitergerannt, wenn er ihn denn gesehen hätte. So war er nur zwei Gärten weiter gekommen, wo ihn eine Frau schließlich einfing und mit Hundekeksen erst mal beruhigte, bis er bereitwillig das Röhrchen rausrückte, das er an seinem Halsband trägt und in dessen Inneren sich unsere Telefonnummer verbarg. Wir konnten ihn dann wohlbehalten abholen.

Nachdem wir unseren Garten tatsächlich auch für Duffy ausbruchssicher gestaltet hatten, ließen wir ihn gewähren. Eine Zeitlang jedenfalls. Es war zwar nicht so, dass sich Nachbars Katze überhaupt nicht mehr in unserem Garten blicken ließ. Aber wenn, dann nur mit äußerster Vorsicht. Und den Strandkorb mied sie, wahrscheinlich weil sie darin sowieso nicht hätte entspannen können, solange sie damit rechnen musste, dass Duffy aus irgendeinem Winkel angefegt kam.

Was die Katze anging, fand ich seinen Jagdtrieb ja gut. Auch sonst konnte sich niemand mehr unbemerkt auf das Grundstück begeben, auch unser Sohn nicht, der, obwohl zu diesem Zeitpunkt noch nicht volljährig, anfing, sich am Nachtleben zu beteiligen. Wollte er sich jedoch im Morgengrauen unbemerkt ins Haus schleichen, ließ ihm Duffy keine Chance. Ich fand, dass diese Wachsamkeit aber ihre dunklen Seiten hatte.

Es gab da draußen eine Menge Tiere, die hatten nicht so ein Glück wie unser Hund, die mussten sehen, wie sie bei jedem Wetter klarkamen. Besagtes Igelpaar zum Beispiel. Angenommen, unser Hund schnüffelt mal wieder in den Büschen herum und stößt auf einen der beiden Igel? Ganz abgesehen davon, dass nahezu alle Igel in unseren Breiten allerhand Parasiten zwischen den Stacheln sitzen haben, wäre es unverzeihlich, wenn der Hunde etwa Mitte November einen Igel aufstöbert, der sich ungefähr um diese Zeit zum Winterschlaf zurückzieht. Der schläft dann nämlich bis März, wenn man ihn denn lässt, genug Fettreserven sollte er haben. Die reichen aber nicht, wenn zwischendurch einer kommt und ihn mit seiner feuchten Hundenase weckt. Das kostet Energie, der Igel muss sozusagen sein Betriebssystem hochfahren. Und wenn er das zu oft macht, reicht es am Ende des Winters nicht mehr für den erforderlichen Neustart, dann geht der todesähnliche Schlaf gleich in den richtigen Tod über. Weshalb man auch als Gärtner im Winter keine übertriebenen Aktivitäten mehr entfalten

und darauf verzichten sollte, unbedingt noch den Laub-
haufen hinter dem Schuppen zu entsorgen. Könnte nämlich sein, dass darunter jemand steckt, der dringend seine
Ruhe braucht.

Ganz schlimm wurde es, als bei uns in der Nachbarschaft
eines Tages Ende Februar eine riesige Baustelle ihren Be-
trieb aufnahm. Es handelte sich um ein ungefähr dreitau-
send Quadratmeter großes Grundstück, auf dem einzig ein
kleiner Bungalow stand. Der gehörte einer schon sehr alten
Dame, die sich naturgemäß nicht mehr um ihren riesigen
Garten gekümmert hatte. Infolgedessen war der vollkommen verwildert. Das ging einige Jahre so, und das Grundstück verwandelte sich darüber in einen regelrechten Ur-
wald. Ich nahm daran Anteil, weil sich genau gegenüber
die Bushaltestelle befindet, von wo ich immer meine Fahrt
ins Büro beginne. Während ich also wartete, beobachtete
ich regelmäßig das Grundstück und sah dabei dort nie einen Menschen. Entsprechend beliebt dürfte das Areal als
Rückzugsraum für sämtliche Tiere der Umgebung gewesen sein. Eines Tages war damit Schluss. Es fing mit einem
Schild an, das darüber informierte, hier würden demnächst
drei Stadtvillen entstehen, jede mit acht Wohnungen. Dann
kamen die Bauarbeiter und rodeten den Wald. Es sah ein
bisschen aus, wie man es von Fernsehbildern aus Brasilien
kennt, wenn dort Planierraupen ihre Schneisen ins Grün
schlagen. Wie gesagt, sehr früh im Jahr. Nun, wir leben in
der Stadt, da ist der Verwertungsdruck, der auf solch großen Grundstücken liegt, natürlich extrem. Jedenfalls erlebten wir in der Folge eine regelrechte Einwanderungswelle
heimatloser Wildtiere. Auch der Fuchs ließ sich mal wieder blicken. Wahrscheinlich bilde ich es mir ein, aber er sah
ziemlich traurig aus, wie er da plötzlich vor uns auftauchte.

Gerade so wie unsereins gucken würde, wenn er mitten im Winter obdachlos würde.

Ich war kurz davor, ihn hereinzubitten, was natürlich ausgemachter Unsinn wäre. Aber Duffy schien mein Zögern gespürt zu haben und ging auf den Fuchs los. Er war noch angeleint, und ich zog ihn gröber als nötig wieder zurück. Ich fand, ein bisschen Solidarität unter Tieren wäre schon angemessen.

Vielleicht fühlte ich mich ja auch schuldig. Es war gerade erst ein paar Wochen her, da hatte ich eine tote Maus im Vorgarten gefunden. Im Sterben hatte sie mit ihrem Pfötchen ein Zweiglein umklammert, das arme Vieh.

Keine Ahnung, woran sie gestorben war. An Auszehrung vielleicht. Oder Nachbars Katze hatte sie zu Tode erschreckt, denn es herrschte eigentlich gar kein richtiger Frost mehr. Aber ich hatte zuvor die Kinder ermahnt, sie sollten bitte darauf achten, dass die Schuppentür geschlossen war, wenn sie ihre Fahrräder herausgeholt hatten. Ich hatte allen Ernstes gesagt: »Ich will nicht, dass sich da drinnen eine Maus breitmacht.« Das kam mir jetzt extrem herzlos vor. Und ich hatte Gewissensbisse. Ich meine, das bisschen Rasensaat, das sie da drinnen hätte fressen können.

Meine Brüder sind da anders, irgendwie pragmatischer. Das liegt vielleicht daran, dass Michis Grundstück noch ein bisschen weiter draußen lag, er sich mit Wildschweinen und Maulwürfen auseinandersetzen musste. Vor allem mit Letzteren führte er lange einen vergeblichen Kampf, setzte alles ein, was der Werkzeugschuppen hergab. Er hat nach ihnen gegraben, hat mit der Schaufel auf die Haufen eingeprügelt, hat ihre Bauten unter Wasser gesetzt. Ich fand das ja ein bisschen gemein, hab ihn auch mal gefragt, ob er sich denn auch trauen würde, mit der Schaufel auf einen ausgewachsenen Keiler loszugehen. Das wäre dann doch wenigstens ein Kampf, bei dem beide Seiten ihre Chancen hätten. War natürlich ein bisschen übertrieben. Michi guckte mich an, als ob ich nicht alle Tassen im Schrank hätte und fragte, ob mir eigentlich klar wäre, dass, wenn so ein Keiler mit seinem Hauer ihm da draußen die Oberschenkelarterie freilegen würde, es dann um ihn geschehen wäre? Nun, wie gesagt, derart große Eindringlinge gab es bei uns nicht. Weshalb wir uns ein großes Herz für Tiere aller Art bewahrten.

Ich dachte sogar darüber nach, ob wir in unserem Garten nicht einen Bienenkorb aufstellen sollten. Obwohl ich als Kind mal ein traumatisches Erlebnis hatte. Wahrscheinlich war es eine Wespe gewesen, jedenfalls hatte sie auf meiner Klappstulle gesessen und mich ins Zahnfleisch gestochen. Danach konnte ich mich nicht mal mehr für die Biene Maja erwärmen.

Aber ein guter Freund von mir hatte sich inzwischen drei Bienenkörbe in den Garten geholt. Ich war ja skeptisch, glaubte, er würde nie mehr in Ruhe seinen Kirschkuchen essen können. »Unsinn«, entgegnete er, seine Bienen hätten ihn noch nie belästigt. Er hielt mir dann einen längeren Vortrag, erklärte, dass die Biene nach dem Rind und dem Schwein das wichtigste Haustier des Menschen sei. Mindestens ein Drittel unserer Lebensmittel verdanken wir der Tatsache, dass Insekten Pflanzen bestäuben. Und diesen Job übernehmen zu 80 Prozent die Bienen. Hatte ich nicht gewusst. Ebenso wenig wie die Tatsache, dass die kleinen Viecher mittlerweile bedroht sind. In Amerika soll es seit der Jahrtausendwende schon 80 Prozent der Völker dahingerafft haben. Man müsse also unbedingt etwas für die Bienen tun. Und dann hat er noch Albert Einstein zitiert: »Wenn die Biene von der Erde verschwindet, hat der Mensch noch vier

Jahre zu leben.« Also ich weiß jetzt nicht, ob das relativ zu sehen ist, fand es aber dennoch Besorgnis erregend.

Ich habe mich dann beim Berliner Imkerverband erkundigt, was Bienen gerne mögen. Also schon mal keine Forsythien, keinen Flieder, keine Rosen, finden sie alles nicht so interessant. »Linden«, hat der Mann vom Imkerverband gesagt, »oder eine schöne Sonnenblume«, darauf fliegen die. Aber er hat mich beruhigt, der Berliner Biene geht es eigentlich ganz gut, weil sie in den Gärten der Stadt ein breiteres Nahrungsangebot vorfindet als auf den Feldern im Umland. Auf so einem Getreidefeld wächst ja heutzutage außer Getreide nichts mehr. Kein Klatschmohn, kein Unkraut, nichts. Für eine Biene ist ein Getreidefeld ungefähr ähnlich attraktiv wie ein asphaltierter Parkplatz. Und obendrein fängt sie sich vielleicht eine Überdosis Pflanzenschutzmittel ein. Kein Wunder, wenn die irgendwann schlappmacht.

Trotzdem haben wir das mit dem Bienenkorb sein gelassen. Obwohl ich Honig gut gefunden hätte. Mein Freund hat mich von seinem mal kosten lassen, sensationell. Aber unser Garten ist vielleicht doch zu klein, und die Nachbarn hätten das wahrscheinlich nicht ohne Weiteres toleriert, wenn sie plötzlich in unserer Einflugschneise gewohnt hätten.

Die Tierliebe teile ich übrigens mit meiner Frau. Sie ist da vielleicht sogar noch ein bisschen extremer.

Einmal, ich lag gerade ganz ruhig auf dem Sofa neben dem großen Fenster, hinter mir der tief verschneite Garten, da stand plötzlich meine Frau neben mir und presste ein »Achtung« zwischen den kaum geöffneten Lippen hervor, »beweg dich jetzt nicht!« Das war vollkommen überflüssig, weil ich gar nicht vorhatte, mich zu bewegen. Sie legte trotzdem auch noch den Finger auf den Mund und zuckte mit dem Kopf kurz Richtung Fenster. Ich sah hin und bemerkte ein Rotkehlchen, das aber auch schon im gleichen Moment aufflatterte. »Mann«, schimpfte meine Frau, »du hast es verscheucht.«

In den nächsten Tagen wurde es noch schlimmer. Und alles nur, weil meine Frau da draußen dieses Vogelhäuschen angebracht hatte, in dem sich absolut nichts tat. Kein Vogel, nirgends.

Ich versuchte sie zu trösten, sagte: »Vielleicht haben die was Besseres vor. Oder es gibt noch irgendwo etwas zu ernten.« Und das stimmte dann auch. Die Vögel waren bei den Nachbarn. Die hatten ebenfalls ein Vogelhäuschen aufgestellt, deutlich größer als unseres, auf einem dreibeinigen Gestell aus Birkenstämmen montiert. Dort spielte sich eine wahre Vogelparty ab. Meisen, Rotkehlchen, Amseln, ganze Schwärme flatterten auf, setzten sich nieder, waren trotz der Kälte offenbar bester Laune. Meine Frau nahm das irgendwie persönlich. Sie kaufte ein sehr ähnliches Vogelhaus, nur noch ein bisschen größer.

»Du musst Werbung machen«, sagte mein Bruder Basti. Tatsächlich ist er in der sogenannten Kreativbranche tätig, hat irgendetwas mit Werbung zu tun. Jedenfalls schlug er ihr vor, eine Art Kampagne zu inszenieren. Meine Frau hielt das auch für eine gute Idee. »Was willst du machen?«, fragte ich, »Schilder aufstellen?« Ging sie gar nicht darauf ein, sondern begann, draußen mit Futter Spuren auszulegen, die zu ihrem Häuschen führten. Tatsächlich kam auch bald eine Amsel, die sich offenbar gegen den Flug in den Süden entschieden hatte und nun bei uns ihr Glück versuchte. Allerdings nicht für lange. »Macht nichts«, meinte meine Frau, »wirst sehen, das spricht sich rum in der Vogelwelt.«

Nein, tat es nicht. Und es hatte auch nichts mit dem Hund zu tun, der seinen Lieblingsplatz am Fenster hatte. Duffy hatte längst begriffen, was von ihm erwartet wurde, und rührte sich nicht. Er konnte im Gegenteil stundenlang da rumliegen wie ein toter Hund, sein Abschreckungspotenzial ging gegen null. Ich schlug vor, dass es vielleicht am Futter liegen würde. In unserem Baumarkt boten sie mittlerweile kunstvoll gesteckte Arrangements an, die aussahen wie ein Hotelbuffet der gehobenen Klasse. Aber auch das verfing nicht. Meine Frau wählte dann einen anderen Weg.

Unter Ornithologen gibt es ja zwei Schulen. Die einen, ich nenne sie mal die Vertreter des harten Weges, sind der Meinung, Vögel sollten überhaupt nicht gefüttert werden. Und wenn es deshalb unter den gefiederten Freunden zu Ausfällen kommt, dann ist das Schicksal. Wohin das führen kann, zeigte in England »The Big Freeze« 1962/63, als nur elf Paare des Dartford Warblers (aus der Gattung der Grasmücken übrigens) die außergewöhnlich lange Frostperiode überlebten. Der britische Sperlingsvogel sollte sich von diesem Schlag nie mehr wirklich erholen. Weshalb es selbst in der harten Schule moderate Stimmen gibt, die bei ungewöhnlich langen und harten Wintern ein bisschen Zufüttern erlauben.

Und dann gibt es die anderen, die sind entweder aus England und haben »The Big Freeze« erlebt oder halten es mit Peter Berthold, Autor des Buches »Vögel füttern – aber richtig«. Richtig heißt bei ihm vor allem reichlich und zwar zu jeder Jahreszeit. Füttert man nur unter extremen Bedingungen, soweit Bertholds Theorie, wird der Vogel es nicht riskieren, dort zu suchen. Nach einer durchfrorenen Nacht hat er nämlich nicht mehr allzu viel Energie übrig, um im Ungewissen rumzuflattern, wo er im schlimmsten Fall dann wegen Spritmangel liegenbleibt. Lieber startet er gleich dahin, wo er weiß, da gibt es etwas.

Meine Frau ist inzwischen eine erklärte Anhängerin von Schule zwei. Schon, weil sie es nicht mochte, länger verschmäht zu werden, während nebenan unglaubliches Jubilieren und Tirilieren zu beobachten war. Deshalb hängte sie bereits im Frühjahr die ersten Meisenknödel aus. Sie legte Spuren aus ungeschwefelten Rosinen. Sie überredete mich, im Juni ein paar Kirschen für die Vögel hängen zu lassen. Und sie feilte am Speisenangebot. Meisenringe aus dem Baumarkt wurden zum Beispiel verschmäht, die aus der Tierfutterhandlung dagegen umschwirrt, offenbar ist deren Nussanteil höher. Jedenfalls sah es bei uns im Garten schon bald aus wie in einer Voliere. Selbst die Spatzen kamen zu Hauf, von denen hieß es doch eigentlich, sie würden allmählich knapp.

Meine Frau stellte ein zweites Vogelhaus auf, eines näher am Haus für die frecheren, eines weiter weg, für die scheuen Besucher. Sie achtete in beiden Häusern auf peinliche Sauberkeit, nachdem sie gelesen hatte, dass schmutzige Hütten für Vögel ein gefährlicher Krankheitsherd sein können, und spendierte obendrein einen fettigen Talgring.

Ich sah das Treiben ja durchaus mit gemischten Gefühlen. Ich meine, das mit den kleineren Vögeln mochte ja noch angehen, aber wie soll ich den ausgewachsenen Nebelkrähen im Frühjahr klarmachen, dass das jetzt meine Terrasse ist und sie gefälligst auf Abstand zu bleiben hatten? Mal abgesehen davon, dass es schon ziemlich belastend sein kann, wenn man im Sommer bei offenem Fenster schläft und die gefiederte Bande um vier Uhr früh anfängt zu krakeelen.

Das Problem wurde dann im zweiten Jahr virulent. Plötzlich war da dieser Eichelhäher. Ein schönes Tier, die braune Brust ging leicht ins Rosé, das Gefieder leuchtete in Blau und Schwarz. Ganz ruhig saß er auf einem Ast, und meine

Frau glaubte zunächst, der wolle seine Dankbarkeit erweisen. Dann erhob er sich in die Luft, brach seinen Flug aber ebenso rasch wieder ab, um auf der hölzernen Kante unseres neuen Hochbeetes zu landen. Und schon ging es los. Tack, tack, tack pickte er mehrmals hintereinander in die schwarze Erde. Ich sagte noch: »Dankbarkeit sieht aber anders aus.« Während der Vogel sich in der Salatsaat bediente. Aber meine Frau hörte schon gar nicht mehr hin, sie war bereits auf dem Weg nach draußen, um das »Mistviech«, wie sie rief, zu verscheuchen.

Ja, das war der Beginn des großen Umdenkens. Wir waren eine Spur zu großherzig gewesen. Aber das da draußen ist Natur, oder wenigstens kommt es Natur ziemlich nahe, näher als unser Wohnzimmer. Da muss man auch mal Härte zeigen. Die Mäuse zum Beispiel, denen wir schließlich auf der Terrasse großmütig Unterschlupf gewährt hatten, sie zernagten die Wurzeln der letzten Palme meiner Frau so lange, bis der Rest aus dem Topf fiel. Das und der Eichelhäher, das war das Signal. Ab sofort galt null Toleranz. Duffy durfte wieder im Garten auf Patrouille gehen.

Er tat das auch mit großer Begeisterung und nachhaltigem Erfolg. Die Verluste im Gemüsebeet gingen auffallend zurück. Bis ein neuer Feind seine schleimige Spur zog. Die Nacktschnecke. Nacktschnecken sind ein widerlicher Gegner. Manchmal, wenn man nicht aufpasst, ein Frisbee auf dem Rasen aufhebt oder den Rand der Biotonne anhebt, kann es passieren, dass man in eine reinfasst. Die klebrige Substanz, die die Schnecke absondert, geht gar nicht leicht ab.

Zuerst bemerkten wir es beim Blumenkohl. Mein Ärger war nicht gleich so groß, weil ich keinen Blumenkohl mag. Ich hatte mir ausdrücklich Rosenkohl gewünscht. Meine

Frau ist aber ein großer Fan des Blumenkohls und hatte gleich eine größere Charge angepflanzt, als auch sie endlich den besonderen Wert selbst gezogenen Gemüses entdeckt hatte. Der Blumenkohl hatte, anders als der Salat, keinen Platz mehr im Hochbeet gefunden und war für die Schnecken eine leichte Beute.

Zunächst einmal galt es, den Feind zu identifizieren. Also, er ist braun, schleimig und versteht es, sich zu verstecken. Es könnte sich um die Rote Wegschnecke handeln, die war früher sehr verbreitet. Inzwischen ist sie schon rar geworden, steht in Bayern sogar auf der Roten Liste schützenswerter Arten. Rar ist sie, weil ein erfolgreicher Einwanderer sie seit den Siebzigerjahren verdrängt: Die ebenfalls rötlich-braune Spanische Wegschnecke. Die darf man bedenkenlos töten, weil sie kaum Freunde hat. Selbst die Spanier distanzieren sich von ihr, seit bekannt wurde, dass die Schnecke gar nicht aus Spanien kommt, wie man lange fälschlich annahm.

Ein paar Freunde hat sie aber doch. Eine Bekannte von mir, die leider verstorbene Gartenkolumnistin Ursula Friedrich, schrieb mal in ihrem Gartenbuch, sie würde die Schnecken mit rattengiftblauem Korn umbringen. Sie erntete dafür einen Sturm der Entrüstung. Noch schlimmer ist es nur, wenn man die Schnecke mit Salz bestreue. Beides führt zu einem längeren Todeskampf der betroffenen Tiere, abzulesen an serpentinenartigen Schleimspuren der sich auflösenden Schnecken. Außerdem würde Schneckenkorn auch dem Hund gar nicht gut bekommen. Und zusammen mit dem Blumenkohl serviert, macht es das Gemüse nicht schmackhafter.

Als probates Mittel, weil tierfreundlich, gilt gemeinhin die Bierfalle. Allerdings mögen Schnecken sie derart gern, dass sie auch aus der Nachbarschaft herbeikriechen, um die

Quelle zu erreichen. Weshalb es sich empfiehlt, den Schneckenbiergarten etwas weiter weg einzurichten, wenn möglich in Nachbars Garten.

Englische Ratgeber empfehlen übrigens, die Schnecken aufzusammeln und wegzuwerfen. Das sei die humanste Methode. Allerdings sollte man mindestens zwanzig Meter weit werfen können, weil die Tiere einen Aktionsradius von rund fünfzehn Metern haben.

Am besten wäre natürlich, wir könnten Duffy darauf trainieren, auch auf Schneckenjagd zu gehen. Aber ich glaube, das ist ihm zu langweilig.

12
Der Garten
ist eine Baustelle

In so einem Haus hat man ja nie genug Platz. Erst war die Garage voll, dann der Keller, schlimmer aber war, dass wir uns immer mehr Geräte anschafften, von denen ich beim Einzug nicht ahnen konnte, dass ich sie mal brauchen würde. Gut, was eine Axt ist, wusste ich natürlich, auch wenn ich so etwas vorher nie besessen hatte. Aber einen Streuwagen zum Ausbringen der Rasensaat? Zwei Vertikutierer, einen für den Handbetrieb und einen elektrischen. Die Gasflasche für den Grill. Die Sitzkissen, die Gartenhandschuhe, das Scherensortiment, es war unglaublich, wie viele Gartenscheren meine Frau bereits besaß. Außerdem hatte sie mehr kleine Schäufelchen und Mini-Harken als je in der Buddelkiste gelegen hatten. Sie besaß Polster für die Knie, eine Art Sombrero, da war die Teleskopleiter, die Teleskopsäge, der ganze Plunder halt. Und die beiden Rasenmäher, ein elektrischer und einer mit Spindel für den Handbetrieb – weil das laut Aussage meiner Frau besser für den Rasen und die körperliche Fitness sei, meine körperliche Fitness wohlgemerkt –, konnten ja auch nicht für immer auf der Terrasse stehen.

Frau Hollerbach hatte ihren Kram in dem bereits erwähnten Metallverschlag am Ende des Gartens verwahrt. Ich hasste diesen Verschlag, weil ich ihn nur gebückt betreten konnte, und selbst dann riss ich mir einmal eine böse Wunde am oberen Rand der Türzarge. Außerdem war das Ding nur gut für ein paar Gießkannen. Wir besaßen dagegen inzwischen einen Schlauchwagen und hätten damit zur Not im Ernstfall das Haus löschen können. Und die ganze Konstruktion war aus Metall, man konnte also noch nicht einmal ohne Weiteres einen simplen Haken an der Wand befestigen. Zudem blätterte vom Zinkblech die Farbe ab. Kurz, das Ding war hässlich, man konnte allenfalls erwarten, dass ein Schrotthändler sich dafür interessieren würde. »Wir brauchen einen Schuppen«, stellte ich folgerichtig fest.

Das war noch untertrieben. Ich wollte unbedingt einen Schuppen. Ich sehnte ihn sogar herbei, seit wir diesen Garten besaßen. Einen eigenen Schuppen! Im Garten meiner Kindheit hatte nämlich auch ein Schuppen gestanden. Der war schon ein bisschen vergammelt, aber er hatte sogar zwei Räume, die Zwischenwand war aus den Brettern alter Munitionskisten zusammengenagelt worden, man konnte noch deutlich die Aufschriften erkennen. Es war amerikanische Munition gewesen. Nach dem Krieg hatten nämlich die Amerikaner das Haus zeitweise beschlagnahmt gehabt, sich selbst dort eingerichtet. Die Eigentümer mussten sich derweil im Schuppen im Garten einrichten. Das war zwar vor meiner Zeit gewesen, aber Frau Ulrich hatte mir davon erzählt.

Ich fand diese Munitionsbretter großartig, sie gaben dem Schuppen irgendwie etwas Besonderes, als ob er ein dunkles Geheimnis hätte. Gesteigert wurde das dadurch, dass ich eine lose Bodendiele entdeckte und mir unter dem Schuppen eine Schatzkammer einrichtete. Diese Hütte war mein Wilder Westen. Ich pflückte mit den Nachbarskindern Stachelbeeren und Pflaumen, und wir legten uns unter den

Dielen ein Vorratslager an. Dann stellten wir uns vor, wir müssten den Schuppen gegen die Indianer verteidigen, wie wir das in den damals populären Wild-West-Filmen gesehen hatten. Einmal fiel ich im Gefecht vom Dach, stürzte in die Stachelbeeren und trug allerhand Schrammen davon.

Leider gehörten uns weder Haus noch Garten, nicht einmal der Schuppen. Und als Frau Ulrich starb, wurde das Haus verkauft, und wir mussten ausziehen. Ab und an fahre ich mal dort vorbei, der Schuppen ist weg, die Stachelbeeren und die Pflaumenbäume ebenfalls, genau dort, wo mein Westernfort einst gewesen war, steht heute ein Haus. Und seine Bewohner wissen wahrscheinlich nicht einmal, dass sie in den Weiten von Montana siedeln, sie haben keine Ahnung, dass es dort mal Indianer gab und dass ich dieses Anwesen verteidigt habe.

Dafür wollte ich nun meinen eigenen Schuppen, wollte ihn bauen, mit meinen Händen, nachdem das mit dem Baumpflanzen bisher noch nicht so richtig geklappt hatte, sollte mir wenigstens das gelingen.

Am liebsten hätte ich ja alte Munitionskisten genommen, aber die sind heutzutage schwer zu kriegen, wahrscheinlich sind sie auch längst nicht mehr aus Holz. Ich schaute mich also in den einschlägigen Baumärkten um, fand aber erst einmal nur dünne Bretter. Ich wollte was Dickes, wo man auch mal einen Nagel einschlagen konnte, ohne dass er gleich auf der anderen Seite jemanden verletzte, und wo man ein Regal anbringen konnte, ohne dass die Wand nachgeben würde. Ich fand einen Bausatz, bei dem dicke Balken so aufeinandergeschichtet wurden, dass am Ende eine Art Blockhütte entstehen sollte.

Mein Schwiegervater war begeistert von meinem Projekt. Nun muss man wissen, dass mein Schwiegervater ohnehin von allem begeistert war, wo es was zu dübeln oder zu schrauben gab, dass er wahrscheinlich auch noch den Boden meiner Hütte würde fliesen wollen, wenn ich nicht aufpasste. Wobei es nicht einfach würde, ihn daran zu hindern, weil mein Schwiegervater aussieht wie eine Mischung aus Bud Spencer und Luciano Pavarotti. Irgendwie respekteinflößend. Nur dass er nicht singt und auch kein Schauspieler ist, sondern eine Art Multifunktionshandwerker, der im Prinzip alles kann. Und wenn er etwas nicht kann, versteht er es ziemlich überzeugend, einen glauben zu machen, dass er es kann. Und weil mein Schwiegervater ziemlich lange nicht wirklich verstanden hat, womit ich eigentlich mein Geld verdiene, ich glaube, er ist sich heute noch nicht ganz sicher, weil er nämlich denkt, Arbeit ist, wenn man weiß, wie man einen Hammer hält, war mir auch vollkommen klar, welche Rolle mir bei diesem Projekt zufallen würde: die des Lehrlings nämlich.

Schwiegervater rückte im Blaumann an, ein Schweißtuch um den Kopf gewickelt, was ihm zusätzlich etwas Verwegenes verlieh, und sagte: »Zuerst brauchen wir ein Fundament!« Fundament? Ich wollte einen Schuppen, kein Einfamilienhaus. »Klar, wenn du die Fußbodenbretter einfach so auf die Erde legst, sind die im Nu verrottet. Da muss Luft zirkulieren können.« Nun, über den Fußboden hatte ich mir eigentlich noch gar keine Gedanken gemacht, stattdessen angenommen, wir würden gleich mit den Wänden anfangen und am Nachmittag fertig sein. Aber Schwiegervater bediente sich bereits bei den alten Ziegeln, die ich im Keller gefunden und im Garten gestapelt hatte, ohne recht zu wissen, was wir damit anfangen wollten. Nun legte Schwiegervater ein Rechteck, tat auch in die Mitte ein paar Ziegel, damit sich die Bodendielen nicht so durchbiegen würden, und setzte darauf den Rahmen. Ich war beeindruckt, das würde solider als angenommen. Erst dann fügten wir die Wände Bohle für Bohle aufeinander, die Hütte wuchs Stück für Stück in die Höhe, und als wir am First angekommen waren, den höchsten Punkt erreicht hatten, stürzte Schwiegervater von der Leiter. Denn natürlich war auch an dieser Stelle mir die Aufgabe zugefallen, ihm lediglich die Bretter reichen zu dürfen. Nun war mein Schwiegervater inzwischen schon an die siebzig. Jedenfalls schimpfte meine Frau, warum ich nicht runtergefallen wäre, sondern ihr Vater. Sie zwang ihn, sich auszuruhen, denn sein Rücken tat ihm nun wirklich weh, und es war an mir, die Hütte zu vollenden. Was ich mit großer Begeisterung tat. Ich kaufte sogar rote Schindeln aus Teerpappe. Statt einfach nur die simple schwarze Variante von der Rolle zu nehmen, nagelte ich Schindel für Schindel unter Schwiegervaters Aufsicht auf das Dach. Schwiegermutter nähte noch rot-weiß karierte Gardinen für das Türfenster. Meine Hütte sah schließlich zwar nicht aus wie ein Fort im Indianerland, sondern eher wie ein Schwarzwaldhaus, aber mir gefiel es. Bis Alex kam.

Alex ist ein Freund von mir und Architekt von Beruf. Sein Haus ist ein Traum in Schwarz und Weiß, er selbst trägt schwarze Rollkragenpullover, und Dekorationen sind ihm ein Gräuel. Sonst ist er ganz nett. Jetzt betrachtete er meine Hütte mit allen deutlichen Anzeichen großer Abscheu, die in jedem Moment in Verachtung umschlagen konnte. »Sag mal«, fing er schließlich an, »solltest du nicht dieses struppige Gewächs da drüben noch ein bisschen mehr wuchern lassen?« Er meinte die Forsythie, »damit man diese Kleingärtnerfantasie«, er meinte meine Hütte, »nicht mehr so sieht.« Wie gesagt, sonst ist er ganz nett, weshalb ich darauf verzichtete, ihm zu erklären, dass ich nun wiederum seinen

Geräteschuppen im Bauhausstil ziemlich unpraktisch fand, eine Konstruktion aus quergelegten Edelhölzern mit Lücken dazwischen, durch die der Wind pfiff. Stattdessen zog ich die Türgardine in der Schuppentür zu und sagte: »Ich find's klasse, hat so etwas Archaisches.«

Ja, ich bekannte mich zu unserer Hütte, vor allem zu ihrem Dach, das ich mit meinen Händen geziegelt hatte. Ich hatte ein Haus gebaut, wenn es auch nur ein Schuppen war, einen Sohn gezeugt, einen Hund aus dem Tierheim befreit, das mit dem richtig großen Baum würde bestimmt noch klappen, dachte ich zuversichtlich. Ich stellte mir sogar vor, wie ich ein Feldbett in meiner Hütte aufstellen würde, um eine Nacht darin zu verbringen. Nur mal so. Wäre bestimmt urig. Allerdings war schon bald kein Platz mehr für ein Feldbett, weil auch die Fahrräder hineinmussten. Egal, meine Frau hätte wahrscheinlich sowieso komisch geguckt, wenn ich gesagt hätte, »ich schlaf heute mal im Schuppen.«

Mit der Hütte begannen allerdings weitere Probleme. Insbesondere auf dem Vorplatz wuchs infolge Übernutzung kein Gras mehr. Weil einfach zu oft zu viele Leute davor standen, um die Tür auf- und zuzumachen. Das bekam meinem Rasen gar nicht. Ich habe ja bereits meine erfolglosen Bemühungen, dort einen Schattenrasen zu pflanzen, beschrieben. Jetzt brachte ich eine Lampe an, damit man nicht mehr so lange davor stand, während man das Schlüsselloch suchte. Seit nämlich mein Fahrrad darin stand, bestand ich darauf, dass der Schuppen immer abgeschlossen sein müsste. Die Antwort meiner Frau bestand im »Schweriner Platz«.

Eines Tages erwischte ich sie nämlich dabei, wie sie vor dem Schuppen eine Art Zement anrührte. »Was tust du da?«, wollte ich wissen. Sie erklärte mir dann, dass das eine Mischung aus Sand und Gartenzement wäre. Damit das

Ganze nicht zu fest würde, wäre der Sand ganz wichtig, davon dürfe man nicht zu wenig nehmen. Das Rezept habe sie von – natürlich – Siggi, unserem vorbildlichen Nachbarn. Dann würde sie einen Rahmen legen und den Innenraum pflastern. »Du willst einen Parkplatz aus meiner Grünfläche machen?« Ich hielt ihr dann einen Vortrag, wie viel Boden überall schon überflüssigerweise verdichtet würde. Sie konterte, ich hätte meine Chance gehabt, nun sei sie dran. Mir blieb nichts anderes übrig, als zu fragen, welche Steine sie denn verwenden würde. »Alte«, sagte sie knapp. Ihr Plan war, in der Umgebung rumzufahren und zu gucken, ob irgendwo Häuser abgerissen würden, deren Ziegel sie dann haben könnte. Weil, ihr schwebte etwas vor, das irgendwie nach »Vintage« aussehe. Ich fürchtete schon, meine Grünfläche würde am Ende in etwas ausfransen, das nicht »Vintage« wäre, sondern eher an einen verlassenen Gewerbehof erinnerte, der am Rand sozusagen als Höhepunkt vom Stumpf unserer verstorbenen Birke überragt würde, um die sich mittlerweile seit fünf Jahren der Blauregen wickelte, der allerdings immer noch nicht geblüht hatte. Aber, wie gesagt, das könne schon mal acht Jahre dauern, hatte unsere Nachbarin, Frau Runge behauptet. Bis jetzt war unser Blauregen also einfach nur grün. Und die tote Birke schwarz. »Was soll das werden?«, hielt ich also meiner Frau vor, »ein Denkmal für die verlassenen ostdeutschen Industriedenkmäler?« Sie ließ sich indessen nicht beirren.

Zum Glück klappte es dann nicht mit ihrer Ziegelsteinakquise, weshalb sie sich doch im Baumarkt bedienen musste. Natürlich wollte ich mitkommen, wenn schon Pflaster, dann wenigstens eines, mit dem auch ich würde leben können. Wir entschieden uns für ein Modell mit dem schönen Namen »Schwerin«. Zwischen die Ziegel setzte meine Frau in regelmäßigen Abständen kleine Granitwürfel, und damit alles ganz eben wurde, verwendete sie eine Riesenwasserwaage. Das heißt, ein bisschen Gefälle musste sein, damit das Regenwasser später ablaufen würde, falls es nicht sowieso in den Ritzen zwischen den Steinen versickerte. War ja wenigstens kein Asphalt.

Das Ergebnis nannten wir dann den Schweriner Platz. Es sah ein bisschen so aus wie in der Fußgängerzone einer beliebigen Kleinstadt, und hin und wieder ärgerte ich meine Frau mit der Bemerkung, ob sie da nicht auch einen Wochenmarkt abhalten wolle. Aber im Grunde war das alles ganz praktisch, besser als meine kümmerlichen Rasenversuche zuvor. Und sie ließ sich auch gar nicht irritieren. Im Gegenteil. Sie pflasterte gleich weiter, einen kurvenreichen Weg zwischen den beiden Hecken hindurch, der Abschluss jenes Labyrinths, das an Stelle unseres Handtuchgartens treten sollte. Ich wusste von diesem Unterfangen, ich wusste nur nicht, dass der Weg dorthin gepflastert würde. »Ja«, sagte sie, »kriegt man die Mülltonnen leichter heraus.« Weil wir nämlich inzwischen den Müll trennten, hatten wir nicht mehr eine, sondern drei, die sich hinter der Hecke versteckten. Ich nannte diese Zone deshalb jetzt unser Gewerbegebiet mit Straßenanbindung.

Der Weg endete an unserem Gartentor, das schon vor dem Winter nicht mehr richtig funktioniert hatte. Weshalb die Tür manchmal offen stand. Was blöd war, weil nämlich der Hund rauslaufen konnte, und zwar spätestens, wenn der Postbote kam. Dann rastete Duffy nämlich immer noch aus.

Ich hatte das Problem aber ganz gut in den Griff bekommen, indem ich einfach ein altes Fahrradschloss anbrachte. Man hängte es wie eine Schlaufe über den Pfosten und fertig.

»Wie sieht das denn aus«, sagte meine Frau, »das kann doch nicht so bleiben.«

»Kümmere ich mich drum«, versprach ich.

Vier Monate später war ich immer noch nicht dazugekommen, stattdessen stand der Hund kurz davor, sich durch den verbliebenen Spalt zwängen zu können. Er hatte die Lücke durch seine permanente Drängelei schon ein wenig verbreitert. Ich versuchte, Zeit zu gewinnen, indem ich heimlich seine Rationen erhöhte. Gleichzeitig zog ich Erkundigungen ein, was man da tun könnte.

Das Beste wäre wahrscheinlich ein neuer Zaun gewesen. Aber welchen? Einen Jägerzaun wollte ich nicht, das wäre mir unangenehm, denn ich konnte mir nur zu gut vorstellen, was mein Architektenfreund Alex dazu gesagt hätte. Abgesehen davon wusste ich auch gar nicht, wie man so etwas baut. Maschendraht hatten wir schon, ist auch nicht einfach zu realisieren, der muss nämlich gespannt werden, sonst hängt er durch. Für weitere Informationen besuchte ich die benachbarte Kleingartenkolonie. Dort fiel mir auf, dass praktisch jeder solche Zäune aus grünen Drahtgitterstäben hatte. Hinter solch einem Zaun war eine Frau damit beschäftigt, Pflanzlöcher auszuheben.

»Ja«, sagte sie und musterte mich dabei, »ich glaube, das können Sie selbst machen.« Diese Zäune gibt es als Matten zu kaufen, sie werden einfach an den zu setzenden Pfosten befestigt.

»Und die Pfosten rammt man in den Boden?«, fragte ich.

»Können Sie vergessen, hält nicht, die müssen Sie einbetonieren«, antwortete sie.

Ich hatte so etwas befürchtet. Die Vorstellung, Beton anzurühren und bei uns im Garten zu versenken, behagte mir gar nicht. Angenommen, da lief etwas schief. Bei Beton wäre es doch bestimmt sehr unwahrscheinlich, dass man so eine kleine Panne unbemerkt wieder beseitigen kann? Vor meinem geistigen Auge sah ich mich schon mit einem Presslufthammer hantieren.

Doch meine Frau wollte weder Jägerzaun noch Matte oder Maschendraht, sie wollte wieder einmal etwas Altes, Schmiedeeisernes. Und wieder hatte ich Glück: Sie fand nichts Passendes. Stattdessen bestellte sie im Internet ein schmiedeeisernes Tor, das sich allerdings als nicht ganz so schmiedeeisern herausstellte, sondern eher gelötet war. Es sah aber ziemlich echt aus, zwei Meter hoch, mit einem Bogen obendrüber, der irgendwann begrünt werden sollte. Das Tor sah unüberwindlich aus, war es auch, nachdem ich den unteren Teil mit Kaninchendraht verkleidet hatte, weil Duffy sonst durch die Gitterstäbe gepasst hätte. Das Problem war nun allerdings der gepflasterte Weg. Man hätte das Tor irgendwie darin versenken müssen. Doch selbst dann würde die Tür konstruktionsbedingt nach außen schwenken. Wie eine Kneipentür. Ich vermutete, dass das Tor eigentlich aus China kam und die das dort mit dem Rein- und Rausgehen anders handhaben würden. Jedenfalls ließ sich der Anschlag einfach nicht tauschen, es ließ sich nicht anders einrichten, die Tür ging nach außen auf. Blieb die Frage, wie man das Ding ins Pflaster bekäme. »Mit der Flex«, warf ich fachmännisch ein, »ist natürlich nicht ganz ungefährlich. Braucht man eine Schutzbrille, mindestens.« Ich gab zu bedenken, dass das Pflaster des Weges mir ohnehin ein wenig wackelig vorkam, nicht so perfekt war wie der Schweriner Platz. Worauf meine Frau einen bevorstehenden Wutanfall andeutete und mich ultimativ aufforderte, an der Lösung dieses Problems mitzuarbeiten.

Zwei Wochen später setzte ich mich im Arbeitszimmer

an den Schreibtisch und machte einen Plan. Durchs Fenster konnte ich beobachten, wie Schwiegervater seine Werkzeugkiste auf dem Schweriner Platz abstellte, sofort kam ich mir wieder vor wie ein Oberschüler. Und während Vater und Tochter da so hämmerten und bohrten, bildete ich mir ein, dass sie immer mal wieder zu mir nach oben schauten. Jedenfalls hatte ich das unbestimmte Gefühl, beide würden jetzt denken, eine Arbeit, die man am Schreibtisch erledigen kann, war eigentlich gar keine richtige Arbeit.

Nach einem halben Tag stand das Ding. Schwiegervater hatte auf ein Betonfundament verzichtet, stattdessen den Torbogen exakt in den Weg und den Rahmen der alten Pforte eingepasst. Überdies hatte er unseren alten Maschendraht wieder gespannt. Das Tor stand wie eine Eins. »Und«, fragte meine Frau, »wie findest du es?« Schwiegervater stand daneben, mit dem Schweißtuch um die Stirn sah er einmal mehr aus wie Captain Blackbeard, er war erschöpft, aber sichtlich zufrieden. »Hm«, kommentierte ich vielleicht ein bisschen zu knapp. Um ein bisschen professioneller zu wirken, schob ich noch ein »wirklich gute Arbeit« hinterher. Dann kam der große Moment. Ich durfte mal schließen. Als ich versuchte, den Schlüssel wieder abzuziehen, rutschte der Schließzylinder halb heraus. Er ließ sich auch nicht mehr hineinstecken, im Gegenteil, aus dem Zylinder fielen erst lauter kleine Plättchen heraus, und als ich ihn umdrehte, sprang auch noch eine Feder hinterher. Sah jedenfalls aus wie eine. Das Schloss war offensichtlich kaputt. Und zwar irreparabel, jetzt, wo der Inhalt des Zylinders vor uns im Dreck lag. »Oh«, sagte ich und bot an, mein Fahrradschloss wieder am Pfosten anzubringen.

Natürlich war meine Frau verärgert. Sie gab sogar mir die Schuld, wenigstens zum Teil. Was ich ungerecht fand. Was kann ich denn dafür, wenn sie sich solch eine Fehlkonstruktion andrehen ließ?

Nach genau zwei Tagen hatte sie dann ein neues Schloss eingebaut. Weil es kein passendes gab, hatte sie sich eines zurechtgefeilt. Und wieder stellte ich fest: Wirklich gute Arbeit. Was man in so einem Garten alles lernen konnte!

»Ich hätte dir doch helfen können«, sagte ich lahm.

»Lass mal«, meinte sie.

Das wurmte mich natürlich schon ein bisschen. Jedenfalls hatte ich das dringende Bedürfnis, nun meinerseits mal ein richtig großes Projekt zu beginnen. Etwas, womit ich mir gewissermaßen ein Denkmal setzen würde. Selbst wenn ich dabei gegen meine Überzeugung handeln müsste. Denn eigentlich wünschte ich mir doch nichts sehnlicher als eine kleine Apfelplantage. Oder irgendetwas, was einen im Notfall ernähren konnte. Ich beschloss, demnächst mal rüber zu Siggi zu gehen und mich von ihm beraten zu lassen, wie man denn so einen Teich baute. Er hatte ja einen mit Goldfischen. Vielleicht konnte man da drinnen ja auch ein paar vernünftige Fische einsetzen.

So ein Garten stellt einen immer wieder vor neue Anforderungen.

Danke

Wie schon für »Hotel kann jeder« standen auch diesmal wieder eine ganze Menge Menschen Pate für Figuren in diesem Buch – oder sie haben mir bei der Realisierung sehr geholfen.

Zum bewährten Team gehörten Marko Jacob, mein Agent, der es immer wieder schafft mich zu motivieren, wofür ich ihm wirklich dankbar bin. Sowie Katharina Fokken vom Goldmann Verlag und Antje Steinhäuser, die mit genau so viel Enthusiasmus dabei waren wie beim ersten Mal.

Ebenfalls habe ich wieder allen Grund, mich bei meinen Kollegen vom Tagesspiegel zu bedanken, zuerst bei Susanne Kippenberger, deren Idee es einst war, dass ich eine Gartenkolumne schreiben sollte. Das nenne ich einen Vertrauensvorschuss. Und bei Norbert Thomma, der es zugelassen hat, dass ich diese Idee in die Tat umsetzte.

Besonderer Dank gilt allen Mitgliedern der Familie: meinen Schwiegereltern Edith und Gerhard Blume, vor allem Letzterer hat als begnadeter Handwerker nicht nur unsere Kaninchen vor einigem Unheil bewahrt. Meiner Mutter Ingeborg Austilat, deren selbstgezogene grüne Bohnen unerreicht sind. Meinen Brüdern Stephan und Oliver sowie meiner Schwägerin Dagmar Austilat. Oliver besitzt übrigens keinen Kunstrasen. Aber er kennt jemanden, der welchen hat – und damit sehr zufrieden ist. Meinen Kindern Konstantin und Katharina, die unser Klettergerüst hoffentlich immer in guter Erinnerung behalten werden. Natürlich meiner Frau Diana, die vom Gärtnern immer noch sehr viel mehr versteht als ich. Und unserem tapferen Hund Duffy, der nach wie vor keine Katze in den Garten lässt, selbst wenn sie größer ist als er.

Vor allem aber danke ich allen unseren Nachbarn. Sie sollen wissen, dass wir uns keine besseren wünschen könnten!